las
PROFECÍAS
del
¿JUICIO FINAL?

las profecías del ¿juicio final?

Marco Antonio Gómez Pérez
Francisco Domínguez
Carlos A. Guzmán Rojas
Yohanan Díaz Vargas

Grupo Editorial Tomo, S. A. de C. V.
Nicolás San Juan 1043
03100 México, D. F.

1a. edición, junio 1999.
2a. edición, julio 1999.

© Las Profecías del ¿Juicio Final?
Marco Antonio Gómez Pérez
Francisco Domínguez
Carlos A. Guzmán Rojas
Yohanan Díaz Vargas

© 1999, Grupo Editorial Tomo, S. A. de C. V.
Nicolás San Juan 1043, Col. Del Valle
03100 México, D. F.
Tels. 5575-6615, 5575-8701 y 5575-0186
Fax. 5575-6695
http://www.grupotomo.com.mx
ISBN: 970-666-184-0
Miembro de la Cámara Nacional
de la Industria Editorial No. 2961

Diseño de la portada: Emigdio Guevara
Diseño tipográfico: Rafael Rutiaga
Supervisor de producción: Leonardo Figueroa

Impreso en México - Printed in Mexico

introducción

El miércoles 11 de agosto de 1999, exactamente a las 11:08 horas (horario de Greenwich), tendrá lugar el último eclipse de sol de la década, siglo y milenio. Este fenómeno estelar será observado casi en su totalidad en Europa central, Turquía, Irán, Afganistán y el norte de la India. Según algunos astrólogos, en el preciso momento en que la luna esté tapando al sol, se formará una gran cruz cósmica llamada del alma, del discípulo o fija. Esto es, la luna y el sol se opondrán a Urano y se cuadrarán a Saturno y Marte en los cuatro signos zodiacales sagrados que son: Tauro (iluminación y claridad de la mente), Leo (individualidad como ser humano y autoconciencia de ser), Escorpión (liberación final y definitiva de la ilusión) y Acuario (servidor de la raza humana vertiendo el agua pura y viviente de la purificación). Todo esto significa que los humanos tendremos una oportunidad única de integrarnos en un solo ser con los cuatro elementos de la naturaleza, también llamados frutos; tierra, aire, agua y fuego, (considerando que el número del hombre es el cinco, es decir, el quinto elemento, tal como se muestra en la película del mismo nombre) para convertirnos en un nuevo y completo hombre, dignos de dar un salto evolutivo y transformarnos en líderes espirituales.

Seguramente, como veremos a través de la lectura del libro y porque desde hace cientos de siglos los muchos eventos cósmicos son predecibles con anticipación, la fecha de este eclipse está escrita con asombrosa frecuencia en los acontecimientos futuros inmediatos de nuestro planeta y época que, para bien o para mal, nos afectarán a los seres humanos y a todo ser viviente sobre la tierra. Algunos profetas, como Nostradamus, en una de las pocas cuartetas que escribió sin lenguaje críptico, (como veremos en detalle en el capítulo correspondiente al profeta de Salon, Francia), menciona que en 1999 en julio o agosto un acontecimiento relacionado con el cielo o el cosmos cambiará nuestras vidas para siempre.

Coincidentemente, el profeta de la India, Sri Vikraman Swami predijo que, durante el eclipse del 11 de agosto de este año, se descubrirá un gran asteroide que aunque no chocará contra la tierra, si provocará que el eje magnético del planeta se enderece, con las fatales y cruentas consecuencias que ello traería.

Además, debemos considerar que el fatídico efecto Y2K (abreviatura de *The year two thousand*. El año dos mil) de las computadoras tendrá, irremediablemente, graves consecuencias, ya que las mismas no reconocen más de dos ceros para contabilizar los años, por lo tanto, cuando llegue el primer segundo del uno de enero del 2000, la mayoría de las PCs registrarán su siguiente fecha en el año ¡1900! y no al 2000 como debería ser. Sólo podemos imaginarnos por ahora, las terribles consecuencias para las empresas privadas como los bancos y las oficinas de gobierno y principalmente las dedicadas a la guerra, ya que sus computadoras pueden anunciar un falso ataque enemigo y en represalia lancen misiles nucleares como respuesta a una posible agresión que nunca existió.

Desde luego, lo que más puede causar muertes en los últimos minutos del año 1999, es la fatídica dependencia de miles de humanos en unos cuantos líderes de sectas destructivas que con toda seguridad, intentarán inducir a sus adeptos a cometer suicidios colectivos, para hacer cumplir sus propias, tenebrosas y fatales profecías del fin del mundo, tal como lamentablemente hemos presenciado en los últimos 30 años.

Dentro de este tipo de anuncios catastróficos, no podemos ni debemos olvidarnos de las profecías religiosas, tales como el siempre fatalmente esperado Apocalipsis bíblico de San Juan, las del Papa Juan XXIII, las de San Malaquías, de Juan de Jerusalén y las que últimamente han tenido mucha aceptación por los sectores populares de los países del mundo, las profecías marianas, aquellas relacionadas con apariciones de la virgen, con diferentes nombres y en distintos lugares, pero siempre poniendo en alerta a los habitantes del mundo, ya que no somos conscientes de nuestro enorme poder destructivo.

A estas profecías incluimos las que nuestra cultura prehispánica nos ha legado, las de los misteriosos mayas, para quienes su época empezó el 11 de agosto del 3113 a.C., (¿coincidencia con la fecha del eclipse de este año?) y terminará el 31 de diciembre del 2012, con un acontecimiento previo que ocurrirá el 21 de diciembre del 2010, cuando *una gran tempestad apagará al sol*, con sus mortales consecuencias para todo tipo de vida en la tierra.

Las del siempre bien amado Quetzalcóatl, los presagios de los Meshicas o los de los indios norteamericanos como los Hopi y Navajos, para terminar este trabajo con las predicciones deribadas del estudio de la Gran Pirámide de Keops, en Egipto, esa maravillosa construcción que más que tumba parece una enorme biblioteca que contiene no únicamente la historia antigua sino también la actual y el asombroso, inesperado, temido y desconocido porvenir.

Pero no todo es fatalidad y desdicha, también hay profecías que pronostican un salto evolutivo en el hombre, pues dicen que por fin desaparecerán las guerras fraticidas, étnicas y de cualquiera otra índole; el espiritualismo, en su más pura expresión, dominará en los seres inteligentes y permitirá la convivencia y progreso nunca antes alcanzado por esta humanidad. Algunas profecías indican que del 21 al 25 de diciembre de 1999, la puerta a la vida espiritual de la humanidad se abrirá para todos a partir del inicio del solsticio de invierno. No faltan los contactados con extraterrestres que profeticen que los "hermanos" del cosmos vendrán para comunicarnos nuestro origen genético llevado a cabo por ellos hace miles de años, lo cual nos permitirá convertirnos en verdaderas entidades humanas y espirituales.

En fin, en el presente libro se llevó a cabo una investigación de los conocidos y reconocidos profetas y sus pronósticos para su futuro, nuestro presente, en los que han precisado fechas para los posibles cambios que se aproximan en los siguientes 10 ó 12 años y que, para bien o para mal, afectarán nuestra actual forma de vida; ojalá, como es el deseo de todos nosotros, sea para mejorar en todos los sentidos y niveles.

nostradamus

Por Marco Antonio Gómez Pérez

michel de Notre Dame es nieto de los doctores y astrólogos de la corte del monarca Renato de Provenza, Francia; Juan de Saint-Remy y Pedro de Notre Dame. Nace el 13 de diciembre de 1503 y durante sus 63 años de vida se convierte en un excelente doctor en medicina y en un depurado astrólogo, previendo su propia muerte para la madrugada del 2 de julio de 1566, tal como ocurrió.

Se estima que Nostradamus escribió por primera vez sus 1085 cuartetas en latín, en forma clara y directa recopiladas en *Centurias* y en perfecto orden cronológico, mismas que selló en un cofre y lo escondió en algún lugar de Francia, hasta ahora desconocido, sitio al que el propio Nostradamus hace referencia en una cuarteta: *Bajo la encina el guía, del rayo fulminado y no lejos de allí el tesoro escondido que por tiempo muy largo permanece sellado / muerte al que lo halle y de un resorte al ojo hundido*, es decir, quien lo halle sabrá todo sobre el futuro de la humanidad pero también encontrará una dolorosa muerte en la que perderá los ojos y la vida. Y en otra cuarteta, el profeta francés relata el sitio donde ocultó el cofre: *Los terrenos del templo de vírgenes vestales no muy lejos del Etna y de los Pirineos, encierran el conducto al cofre, cuando tales golpes del norte caigan en ríos y viñedos.*

¿Dónde está ese sitio y quien será esa persona de suerte ambivalente?, ¿quién encontrará las profecías pero no podrá divulgarlas porque la muerte lo sorprenderá casi en el mismo instante que haga su fabuloso descubrimiento? No lo sabemos por ahora.

Nostradamus indica en uno de sus innumerables escritos que el inicio de sus profecías es a partir del 14 de marzo de 1547 ó 1557 y terminan en los años 2127 ó 2137, dando un margen de error de 10 años, pero, ¿realmente será un error o no sabemos interpretar aún el lenguaje más críptico jamás escrito?

Es necesario aclarar que las profecías ya cumplidas de Nostradamus no tienen ningún valor para los fines del presente trabajo, ya que deseamos averiguar sobre nuestro futuro inmediato y el doctor y astrólogo francés escribió varias cuartetas al respecto, mismas que veremos a continuación.

Empecemos con la cuarteta 1:50: *En la acuática triplicidad nacerá uno que tendrá el jueves como festividad su fama, loa, reino y poder crecerán mientras que en los Orientes habrá gran tempestad.*

En esta otra cuarteta (10-71), Nostradamus amplía este negro panorama para la humanidad cuando profetiza: *Se helarán la tierra, el aire y el mar cuando el día jueves sea venerado, hombre de belleza que no tendrá par y en los cuatro puntos de la tierra honrado.*

En estas cuartetas hay tres elementos destacables:

- Nacerá un humano cuyo poder, principalmente material, será muy grande.

- Este ser identificará el jueves como una gran festividad, probablemente más que los viernes de los musulmanes, los sábados de los judíos y los domingos de los cristianos. Es de todos conocido que el último jueves de cada noviembre lo dedican los estadounidenses al famoso *"Thanksgivens"* o "Día de Acción de gracias" y con seguridad desde o hasta Washington o Nueva York llegará el líder que provocará la tercera guerra mundial, ¿algún futuro presidente de los Estados Unidos o será William Clinton cuyo periodo presidencial termina precisamente en el año 2000?, quien siente las bases para este presidente del mal. Estamos muy cerca de averiguarlo.

- La fecha precisa en que este hombre ya nació fue cuando hubieron tres signos del mismo elemento en conjunción, lo que provocó dos severas crisis en oriente y occidente, un conflicto grave entre ambos hemisferios.

De acuerdo con la astrología, las fechas en que tres signos de agua, en este caso Cáncer, Escorpión y Piscis, están en conjunción es muy rara y la fecha más cercana a nuestros días es el 1 de abril de 1963. Probablemente, en esta fecha nació este poderoso señor, en medio del preámbulo de la guerra de Vietnam y de la crisis de los misiles soviéticos emplazados en la isla de Cuba, situación a la que se opusieron terminantemente los estadounidenses, encabezados por John Kennedy y que estuvo demasiado cerca de provocar la Tercera guerra mundial. Esto, probablemente haya sido una de las razones más poderosas para asesinar al presidente de occidente siete meses más tarde. Este fue el ambiente en que nació el tercer anticristo y que vive emulando la vida de Jesús pero enfocado hacía el mal. Se cree que empezó a manifestarse en 1981, a los 18 años, pero su reinado de terror y muerte total abarcara un lapso de 1,260 días y morirá en 1999.

Si arbitrariamente tomamos que este ser morirá el 31 de diciembre de 1999, su reinado de terror empezó el 20 de marzo de 1996 (a los 33 años) y hasta el día de su fallecimiento (a los 36 años. Muchos estudiosos de la vida de Cristo coinciden de que fue la verdadera edad en la que murió Jesús), habrán transcurrido los 1,260 días.

Parece ser que Nostradamus ve el inicio de muchas catástrofes para el mundo en una ciudad nueva y cosmopolita, del también nuevo continente. La cuarteta IV-50 sentencia y redondea el negro panorama para esta ciudad en especial, muchos consideran que probablemente sea Nueva York pero también encajan en la descripción Los Angeles y San Francisco, de lo que parece no haber duda, es que se refiere a una de las principales ciudades de Estados Unidos: *Libra reinará sobre las Hespérides manteniendo su poder sobre el cielo y la tierra, nadie verá a*

las fuerzas de Asia que siete no tengan rango la jerarquía.
Se cree que varios países asiáticos sostendrán siete grandes
batallas, principalmente contra Estados Unidos, a partir de
1980 cuando "Libra domine en América" y ya las hemos
vivido plenamente, como las guerras contra Libia y su líder
Mohamar Kadaffi, Irán y el Ayatolah Komeini con la toma
de rehenes de la embajada estadounidense en aquel país,
Irak con Sadam Hussein y la guerra del golfo o "La Madre
de todas las guerras", la de bosnios, croatas y serbios y la
de Slobodan Milosevic en Kosovo ¿cuántas más faltan
antes del tercer holocausto mundial? Sólo el Gran Arqui-
tecto del Universo y Nostradamus lo saben.

Estas acciones bélicas exaltarán el enorme poderío mi-
litar de los Estados Unidos (una vez más demostrado en
Kosovo con la muerte de miles de personas inocentes),
pero también marcará el inicio de su debacle y caída como
líder mundial. Para complementar este cuadro, Nostradamus, en la cuarteta IV-96 profetiza: *La hermana de la isla
Británica nacerá quince años después que su hermano,
por su prometido mediante verificación sucederá al reino
de la balanza.* Es realmente asombroso que el médico
francés llamará a Estados Unidos el "hermano de la isla
Británica" por la herencia de costumbres y el idioma, porque
nace quince años después que Canadá y por suceder a
Inglaterra en el dominio económico mundial a partir de la
revolución industrial, concluyendo que será un país que,
durante algún tiempo, probablemente desde el inicio del
siglo XX, ha equilibrado las fuerzas del mundo.

Por si no fuera suficiente, Michel de Notre Dame pronostica en su cuarteta VI-97 que: *Cinco y cuarenta grados*

el cielo arderá, fuego se aproxima a la gran ciudad nueva, al instante gran llama esparcida saltará cuando se quiera probar a los Normandos. La ciudad de Nueva York está situada entre los paralelos 40 y 45 grados y el resto de la profecía hace alusión a un posible ataque nuclear, probablemente de Rusia o ¡Alemania! ya que ellos son, literalmente, los "normandos", los hombres del norte, aunque no se pueden descartar a los países asiáticos y ¿por qué no?, a China.

Otro estudioso de las *Centurias*, el francés Fontbrune, describe que el tercer conflicto armado inició en 1998 con la guerra de la ex-Yugoslavia entre los serbios, bosnio y croatas, lo cual lo deduce de la cuarteta II-32: *Leche, sangre ranas corre Dalmacia, Conflicto dado, peste cerca de Balennes, Grito será grande en toda Esclavonia, Entonces nacerá monstruo cerca y dentro de Ravena.* Fontbrune es extremadamente preciso en su traducción e interpretación: La leche es símbolo bíblico de dulzura, las ranas representan a los pueblos de la tierra que no están contentos con su suerte. Balennes es un afrancesamiento y abreviatura de la ciudad alemana Ballenstedt. Esclavonia era una región de la ex-Yugoslavia que comprendía Bosnia (Sarajevo) y una parte de Serbia. La ciudad de Vokovar, hoy destruida en un 80%, era una de las principales ciudades de Esclavonia. Entonces, la traducción, según Fontbrun, será: "Después de vivir dulcemente, la sangre del pueblo correrá en Dalmacia; cuando el conflicto haya estallado, habrá una peste cerca de Ballenstedt; se escuchará gritar en toda Bosnia, después vendrá una calamidad cerca y en Ravena".

No hay duda de la precisión de esta cuarteta y las guerras, primero la de la separación de las ciudades que comprendían la antigua Yugoslavia y ahora, la que se libra en la región de los Balcanes. Estremecedoramente acertada.

Ahora bien, Nostradamus en varias ocasiones menciona al anticristo cuando se refiere a la probable Tercera guerra mundial, nacido en algún país del Oriente, quien provocará una guerra de ¡veintisiete años!, como lo describe en la estrofa VIII-77: *El tercer anticristo bien pronto aniquilado, veintisiete años durará su guerra, los herejes muertos, los cautivos exiliados, sangre, cuerpos humanos, agua sangrienta, tierra manchada.* Coinciden la mayoría de los estudiosos de la obra del profeta francés, en que los dos primeros anticristos fueron Napoleón Bonaparte y Adolfo Hitler; el tercero iniciará una guerra de larguísimos veintisiete años, reinará efímeramente y morirá, no sin causar un terrible baño de sangre y una enorme desolación en el mundo. También puede ser que, a pesar de haber muerto el anticristo, su maligna obra continuará hasta completar los veintisiete años que menciona el profeta de Salon.

Pero no es todo, ya que tenemos que emplear el término escalofriante para describir la cuarteta IX-10 en la que se refiere de quienes y cómo nació el anticristo: *Monje monja de niño muerto expuesto, morir por una osa y llevado por un porquero, por Foix y Parmiers el campo será ubicado, Carcasona se volverá contra Toulouse.* El anticristo ya nació en la ciudad de Carcasona, en la Gascuña, vecina de la ciudad de Toulouse, producto de la sacrílega unión entre un monje y una monja, este terrible pecado provocará el abandono del menor, quien vivirá sin amor y lleno de resentimiento, educado por una madre postiza impositiva y será acompañado por un ser ruin del más bajo estrato social, sin principios éticos, ni pautas de conducta, estos seres despreciables serán los "maestros" del anticristo, lo que trae aparejadas muchas fatalidades, afortunadamente hasta ahora no se ha manifestado abiertamente o para nuestra desgracia, no lo hemos descubierto aún.

El negro panorama se completa con esta cuarteta: *Tan esperado y nunca volverá en Europa desde Asia llegará de la Liga de Hermes ha de ser y a los reyes de Oriente mandará.* En esta profecía, el vidente francés probablemente menciona que el anticristo, después de nacer, crecer y ser iniciado en las artes de Hermes, con seguridad, alguna sociedad secreta dominará todo Oriente y llegará a Europa para unirla a su gran reinado. Para esto contará con una preparación hermética, similar a la de Jesús, lo que le dará mucho más poder, ya que la gente lo verá como un carismático salvador del mundo, cuando sus intenciones son todo lo contrario.

Recapitulemos lo visto hasta ahora. Parece un hecho consumado el nacimiento del anticristo, probablemente en Asia el 1 de abril de 1963 y desde los 18 años, (en 1981) está "perfeccionando" su poder para iniciar su vida pública. Para 1996 la "bestia" ha incrementado su accionar bélico y de proselitismo en el mundo y para 1999 morirá después de provocar un caos mundial. Posteriormente, el planeta entrará en un largo periodo de paz y prosperidad, destacando la parte espiritual.

Es necesario hacer un paréntesis para aclarar que el problema de todas las profecías es que pueden suceder en este instante, dentro de un año o cien, aunque por las descripciones de lugares, ciudades y de ciertos personajes, se puedan encontrar y adecuar algunas cuartetas, pero siempre con la enorme posibilidad de que las profecías se refieran a otros hombres, a otras circunstancias y a otros tiempos.

Continuemos con esta breve revisión de algunas de las cuartetas de Nostradamus referentes a nuestro posible futuro. En la número X-72 de las *Centurias*, hay una por demás rara y clara referente a serios y grandes desastres para la humanidad en 1999, en la que expresa una fecha específica: *El año 1999 y siete meses, del cielo llegará un gran rey de horror: Resucitar el gran Rey de Angolmois. Antes después Marte reinará en buena dicha.*

Es imprescindible analizar con detenimiento esta cuarteta, el año está muy claro, 1999, pero el mes, según nuestro actual calendario debe ser julio, sólo que hay que tomar en cuenta que, unos años después de la muerte de Nostradamus, el calendario sufrió la reforma gregoriana y la fecha saltó quince días hacia adelante, si no se hubiera llevado a cabo esta modificación, la fecha del eclipse sería en los últimos días de julio, por lo tanto, el profeta francés está en lo correcto si es que se refiere específicamente al eclipse.

Por otro lado, queda por despejar la incógnita del significado: *"el gran rey de terror que vendrá del cielo"*, ¿acaso el famoso cometa del Armagedón tan anunciado?, ¿una mayor ruptura de la capa de ozono?, ¿la caída accidental de la sonda Cassini, lanzada al espacio para su exploración y que regresará a la tierra en agosto de 1999 para tomar impulso y dirigirse al planeta Saturno?, ¿qué tiene de raro esta nave? Muchos científicos y ecologistas muestran su preocupación porque la sonda Cassini lleva a bordo 33 kilogramos de Plutonio 238 que utiliza como método propulsor, pero si por algún azar del destino llega a estrellarse en la tierra, puede provocar cáncer de pulmón a los casi ¡seis mil millones de humanos; y muchas especies de la flora y fauna que habitamos el planeta, simplemente, desapareceríamos! Algunos científicos de la NASA han expresado, para tranquilizar sus conciencias más que las de las personas que reclaman por este acto, que la posibilidad de que la nave se estrelle contra la tierra es muy remota pero, ¡es terriblemente factible! Y si este horroroso accidente de la sonda Cassini llega a suceder, provocará reacciones muy violentas de los líderes de los países más afectados, iniciándose así, la Tercera y probablemente última guerra mundial, en pocas palabras, si no morimos de cáncer lo haremos por los efectos de la guerra nuclear, bonita alternativa, ¿verdad?

Aquí mismo encaja el otro factor importante que puede desatar una Tercera guerra mundial, no provocada intencionalmente, si no por las computadoras que en el primer segundo de enero del 2000, muchas de ellas se volverán literalmente locas y cabe la enorme posibilidad de que envíen ataques nucleares a diferentes ciudades del mundo; el porqué es complejamente simple, el mismo Pentágono, con todo y su tecnología de vanguardia y presupuestos supermillonarios, ha reconocido que no podrá actualizar todas sus computadoras sino hasta dentro de tres o cuatro años y si eso pasa en el país más poderoso del planeta, ¿qué podemos esperarnos de los demás? Esta es otra posibilidad de aniquilamiento que realmente espanta.

También dentro de esta temible profecía, cabe la posibilidad de que el famoso gran cometa no se estrelle contra nuestro planeta, si es que aparece alguno aún sin detectar, pero será tal su fuerza de atracción que puede ser el responsable de que el eje de la tierra se enderece, provocando enormes cambios climáticos en todo el mundo, por mencionar lo menos y después de eso, para los pocos miles que logren sobrevivir, llegará una época de mil años de paz y tranquilidad.

Esto último se desprende del texto de la cuarteta IV:30 en la que menciona estos cambios: *Más de once veces luna y sol no querrán tan de grado aumentados y bajados, y tan bajo caídos que ya no se creerá y por hambre y por peste el secreto rasgado.* Es decir, ese cuerpo celeste puede provocar que la luna se vuelva "loca" y gire sin control alrededor de la tierra, provocando once eclipses solares en poco tiempo y redistribuirá los climas que obligará a la gente a abandonar las grandes ciudades y regresar al campo.

Pero, por si todo esto no se cumple pronto, hay otras cuartetas de Nostradamus que hacen referencia a este tiempo y nos previene con signos inequívocos, por ejemplo, la II-57: *Antes del conflicto el grande caerá: el grande a muerte, muerte muy súbita y llorada. La nave imperfecta nadará en su mayor parte junto al río, la tierra quedará teñida de sangre.* Esto puede significar que antes

de iniciar la Tercera guerra mundial, una noticia conmo-
cionará al mundo: el asesinato de un personaje *"grande"*,
como un líder de algún país o del Papa mismo y como
veremos en las profecías de San Malaquías, solamente
quedan dos papas por gobernar a los católicos después de
Juan Pablo II. *La nave imperfecta*, entiéndase la Iglesia
Católica, caerá en un caos y la sangre correrá a orillas
del río Tíber inmediatamente después del asesinato del
Papa.

En otro orden de ideas, algunos profetas coinciden con
Michel de Notre Dame cuando vaticinan que, durante tres
días, la tierra entrará en una especie de cono electro-
magnético que anulará todos los sistemas y aparatos que
utilicen electricidad o cualesquiera otras formas de fluido
eléctrico e impedirá la filtración de los rayos solares hasta
la superficie del planeta, con sus apocalípticas consecuencias sobre toda forma de vida, motivo por lo cual, el mundo
entrará en una noche que será eterna, ya que durará cuando
menos 72 horas, durante las cuales habrá un terrible brote
de una extraña peste que liquidará aproximadamente al
75% de la humanidad. Todo esto significa que la tierra,
el aire y el mar estarán a temperaturas muy bajas. Se
desprende también, que habrá un periodo de antirreligio-
sidad y rechazo a Dios, a Jesús y a la trinidad.

Debemos tomar en cuenta que por la época en que vivió
Nostradamus, por ser de origen judío convertido al cristianismo y para evitarse problemas con la Inquisición, centró
muchas de sus cuartetas proféticas en la figura de los Papas
y el Vaticano, como la X-64: *El prelado real se hallará
debilitado gran flujo de sangre saldrá por su boca, el*

reino Anglico por reino respirado largo tiempo muerto-vivo en Túnez como cepa. Muchos estudiosos del profeta francés ven en esta sentencia al sucesor de Juan Pablo II que será secuestrado y trasladado a Túnez donde permanecerá escondido y sufriendo probablemente una afección respiratoria que agravará su estado de salud. Esta ausencia del líder espiritual de los católicos será aprovechada por sus enemigos, para ascencer a un antipapa, como vaticina en las siguientes cuartetas: *Por capelos rojos, querellas y nuevos cismas, cuando hayan elegido al sabinés, se producirán contra él grandes sofismas y Roma será dañada por el albanés.*

Oh, enorme Roma, tu ruina se aproxima, no la de tus muros sino la de tu sangre y sustancia, el áspero con letras hará horribles daños, hierro filoso metido a todos hasta el mango.

Se estima que estas profecías son para un futuro próximo, un hombre nacido en Albania tendrá tanta fuerza dentro del Vaticano como para dominarla y poner en entredicho los valores de la cristiandad, sin embargo, el daño no será físico sino probablemente moral, ya que con sus bulas y encíclicas causará tanto daño como un puñal filoso clavado hasta la empuñadura en el corazón de los católicos.

A reserva de parecer necios, es necesario reiterar que por carecer de datos y cronologías precisos, estos acontecimientos pueden estar a varios años, inclusive siglos de llevarse a cabo, siempre cabe la posibilidad que se hayan escrito para otros tiempos y tal vez, sólo tal vez, una prevención para que modifiquemos nuestra actual actitud hacía la vida y evitemos el incierto y terrible futuro que nos espera. Probablemente, el mismo Nostradamus, a pesar de su enorme pesimismo para con la actitud bélica de los humanos, haya escrito sus *Centurias* para evitar tan terribles malas nuevas y nos advierta que debemos cambiar el futuro, pero eso, sólo lo sabrán los sobrevivientes, que los habrá sin duda.

Hasta este punto, es necesario hacer otro paréntesis para analizar los comentarios al respecto de las profecías nostradámicas que escribió el investigador peruano, radicado en México, Daniel Ruzo, quien durante muchísimos años estudió, uno a uno, todos los libros de Nostradamus y de quienes escribieron de él, creyendo encontrar algunas de las claves más importantes para descifrar el sistema críptico más sofisticado desarrollado hasta nuestros días. Ruzo explica que el fin de la Quinta Edad, (entiéndase la finalización del periodo de Piscis de elemento agua) y el inicio de la de Acuario (de elemento aire) se dará con una catástrofe cósmica, entre los años 2127 y 2137, con mayor seguridad, 2137, ese será un año cataclísmico a más no poder, que tampoco significará el fin del mundo y ni tan siquiera de la humanidad.

Según Ruzo, Nostradamus inicia su cronología veladamente, no desde la creación del mundo ni tan siquiera en la aparición de Adán y Eva, (para no ser descubierto por la censura de la iglesia católica, de no haber empezado a partir de la creación del primer hombre) sino en la fecha del diluvio universal, al cual lo sitúa en el año 6457, según el calendario judío, es decir, cuando en 1555 se publica la primera parte de *Las Centurias*, Nostradamus vive en el año 8026 después del diluvio y cuando termine la era de Piscis e inicie la de Acuario, terminará también nuestra edad (la quinta), esto ocurrirá en el año 8608, es decir, en el 2137 d.C., en medio de grandes catástrofes y calamidades relacionadas con agua (Acuario) probables lluvias torrenciales y el deshielo de los polos, tan profundamente temido por la humanidad.

El profeta precisa el por qué, El purificador diluvio (que no acabó con toda la humanidad) se da en el año 8608 después de la aparición en la tierra de Adán y de esa fecha hasta los siguientes 8608 años, habrán transcurrido, para nosotros los de la quinta edad, 2137 años.

Es de esperar que si todas las cuartetas presentadas concuerdan con nuestro tiempo, debemos estar preparados para una serie de catástrofes que iniciarán con la probable llegada de un cometa en agosto de 1999, que provocará erupciones volcánicas, el alineamiento correcto del eje terrestre, el deshielo de los polos provocado por este último acontecimiento, que eliminará de golpe, a tres cuartas partes de la humanidad; los sobrevivientes, si no se ha desatado la tercera guerra mundial, vivirán un largo periodo de paz y tranquilidad a partir del 11 de mayo del 2001, 2137 ó 3797 dejando en el aire una inquietante pregunta ¿y después de esos años, qué?

apocalipsis
de san juan

Por Francisco Domínguez

bordar el tema del APOCALIPSIS es difícil ya que es un mensaje fuerte, delicado, sobre todo impactante, por todo lo que dice al respecto del *Fin del Mundo*.

Apocalipsis es una palabra griega que significa **"Revelación"**, y para objeto de este libro me apoyaré sobre todo en el *Apocalipsis de San Juan*, en el último libro de los veintisiete del Nuevo Testamento y en San Pedro y San Pablo, quienes hablan del final de los tiempos, pero no de una forma tan extensa como lo hace San Juan.

El Apocalipsis de San Juan fue escrito por el año 95 ó 96 de nuestra era, en Patmos, en la época del imperio de Domiciano, quien fue el último de los doce Césares y un colérico perseguidor de los cristianos. Probablemente las Revelaciones de Juan están escritas de una forma simbólica, entendibles para las personas de su época, **para los**

cristianos de ese momento, todo esto por una razón lógica; los cristianos eran perseguidos de una forma inmisericorde, de allí que **"Las Revelaciones Escritas por San Juan"** son, hasta cierto punto, oscuras, resultando difíciles de interpretar para los "no iniciados" y de esa forma no corría el riesgo San Juan de que sus profecías fueran destruidas.

Los escritos de San Juan eran revelaciones llenas de esperanza para los cristianos perseguidos, para que supieran que el triunfo y la justicia de Dios siempre se encontrará por encima de la crueldad y de la maldad. Las profecías de San Juan son un libro que habla del final de **"LOS TIEMPOS",** él habla de manera muy clara del regreso del **Mesías,** les revela a los cristianos de todas las épocas que vendrá el día **"DEL JUICIO FINAL",** además los reconforta haciéndoles saber que sus sufrimientos por amor a **Dios serán recompensados,** y aquellos que los atormentaron **serán castigados y lanzados al fuego por toda la eternidad.**

Entender los escritos de Juan el Apocalíptico no es fácil, máxime cuando los textos se encuentran llenos de simbolismos, razón por la cual hasta los estudiosos de este tema, les es difícil darles una interpretación. El autor intentará hacerlo y las observaciones las escribiré preferentemente entre los textos bíblicos, en negritas y entre paréntesis.

En este trabajo, tratamos de buscar un significado a estas profecías de Juan el Apocalíptico, pero no olvidemos que la interpretación de cualquier profecía es difícil, son mensajes **"DIVINOS"** dictados vía pensamiento a ciertos **"ELEGIDOS"** y bajo un vocabulario o un pensamiento hermético, de allí la dificultad del entendimiento de estas profecías apocalípticas.

Así inician los textos del Apocalipsis de San Juan.

Capítulo 1 al 3 . Inscripción del libro. Revelación de Jesucristo que Dios le dio para que mostrara a sus siervos lo que ha de suceder en breve; y él la manifestó a su siervo Juan, mediante el ángel que le envió: *Juan fue testigo de la palabra de Dios y del testimonio de Jesucristo: de todo cuanto vio.* Bienaventurado el que lee y los que escuchan las palabras de esta profecía y guardan lo escrito en ella, **pues el tiempo está cerca.**

Capítulo 1 del 9 al 20. Visión inaugural: *Yo, Juan vuestro hermano y compañero en la tribulación y en el reino y en la constante espera de Jesús, estuve en la isla llamada Patmos, por causa de la palabra de Dios y del testimonio de Jesús. Fui arrebatado en espíritu, el día del Señor, y oí detrás de mí una gran voz como de trompeta que decía: "Lo que ven, escríbelo en un rollo, y envíalo a las siete iglesias; a Efeso a Esmirna, a Pérgamo, Tiatira, a Sardes, a Filadelfia y a Laodicea". Y me volví para ver la voz que hablaba conmigo. y vuelto, vi siete candelabros, a uno semejante al Hijo del hombre, vestido de túnica talar y ceñido a la altura del pecho con un ceñidor de oro. Su cabeza, o sea, sus cabellos eran blancos como blanca lana, como nieve; y sus ojos, como llama de fuego; y sus pies, semejantes a bronce brillante, como incandescente en el horno, y su voz como estruendo de muchas aguas.*

Y tenía en su mano derecha siete estrellas; de su boca salía una espada aguda de dos filos; y su semblante era como el sol cuando brilla en su esplendor. Cuando lo vi, caí como muerto a sus pies. Y puso su diestra sobre mí, diciéndome: "No temas. yo soy el primero y el último y el que vive. Estuve muerto, pero ahora estoy vivo por los siglos de los siglos. Y tengo las llaves de la muerte y del Hades. Escribe pues, las cosas que viste; las que son y las que han de ser después de éstas. En cuanto al misterio de las siete estrellas que viste a mi diestra y de los siete candelabros de oro: las siete estrellas son los ángeles de las siete iglesias; y los siete candelabros las siete iglesias".

Esta es la introducción de San Juan a las cartas que escribe a las Siete Iglesias:

Las Revelaciones a las Siete Iglesias

¡Dichoso el que lea públicamente estas predicciones y también dichosos los que oigan y guarden el contenido de las mismas! porque muy pronto las predicciones se cumplirán

Veamos ahora parte de lo que corresponde a las Visiones Proféticas, respetando el texto bíblico:

Capítulo 4, del 1 al 8. *Después de esto miré; y vi una puerta abierta en el cielo. Y la voz aquella primera, como de trompeta, que oí hablando conmigo, decía:* **"Sube acá y te mostraré lo que ha de suceder después de esto".** *Al punto fui arrebatado en espíritu. Y vi un trono colocado en el cielo; y sobre el trono a uno sentado. El que estaba sentado era de aspecto semejante a una piedra de jaspe y sardónice. Y el nimbo que rodeaba el trono era de un* *aspecto semejante a una esmeralda. Alrededor del trono vi veinticuatro tronos; y sobre los tronos veinticuatro ancianos, sentados, vestidos de vestiduras blancas y con corona de oro sobre sus cabezas. Y del trono salen relámpagos y voces y truenos. Y siete antorchas de fuego están ardiendo delante del trono, que son los siete espíritus de Dios. Delante del trono hay como un mar transparente, semejante a cristal. Y en medio del trono y alrededor del trono, cuatro seres vivientes, llenos de ojos por delante y por detrás. El primero es semejante a un león; el segundo semejante a un toro: el tercero tiene el rostro como de hombre; y el cuarto es semejante a un águila en vuelo. Y los cuatro seres vivientes tienen cada uno seis alas; y alrededor y por dentro están llenos de ojos; y no tienen descanso ni de día ni de noche, diciendo:*

Santo, Santo, Santo,
Señor Dios, todopoderoso,
el que era y el que es y el que ha de venir.

Ahora me referiré a una parte impactante, por su mensaje y simbolismo, que es *"EL LIBRO DE LOS SIETE SELLOS"*, en la cual tomaré algunos fragmentos de los versos que serán la parte mas fuerte de cada uno.

El cordero y el rollo de los siete sellos

Capítulo 5 del 1 al 5. *Y vi a la derecha del que estaba sentado en el trono un rollo escrito por dentro y por fuera, sellado con siete sellos. Y vi a un ángel poderoso que pregonaba con gran voz: "¿Quién es digno de abrir el rollo y de soltar sus sellos?". Y nadie, en el cielo ni en la*

tierra ni debajo de la tierra, podía abrir el rollo ni exami-
narlo. Y yo lloraba mucho, porque nadie fue hallado digno
de abrir el rollo y de examinarlo. Y uno de los ancianos
me dice: "Deja de llorar; que ha vencido el león de la tribu
de Judá, la raíz de David, para abrir el rollo y sus siete
sellos".

Capítulo 6. Primer Sello.

Luego vi una nueva visión.

En cuanto el Cordero abrió el **Primero** *de los siete Sellos,*
oí a los cuatro seres vivos dar con voz de trueno (a alguien)
la orden: ¡Ven!

Me fijé, y allí venía un caballo blanco; el jinete *(el*
imperialismo) llevaba arco (de guerra): le habían conce-
dido ya una corona pues había vencido (otras batallas); y
ahora iba a vencer más.

Segundo Sello.

¡Ven!

Salió otro caballo, rojo como el fuego; el jinete **(la**
guerra) *llevaba enorme espada con forma de alfanje, y*
tenía permiso **(de Dios)** *para quitar de la Tierra la paz,*
por lo cual los hombres se matarían unos a otros.

Tercer Sello.

En cuanto **(el Cordero)** *abrió el* **Tercer Sello,**

¡Ven!

Miré, y allí venía un caballo negro; el jinete *(el Ham-*
bre)...(Haz que) un litro de trigo suba de precio hasta que

lo mismo lleguen a costar tres litros de cebada; sólo de aceite y de vino no haya escasez.

Cuarto Sello.

¡Ven!

Miré; y allí venía un caballo de color verde pálido; el jinete era la **Epidemia** *y detrás lo acompañaba el* **"Más Allá",** *(los dos) tenían permiso (de Dios) para acabar con la cuarta parte (de los habitantes) de la tierra.*

Quinto Sello.

Vi debajo del altar (de aquel como Templo Celestial) a las almas de los que habían sido degollados por la causa de la palabra de Dios. (En este punto, las Almas claman su recompensa, y son escuchadas, **se hace ver la justicia Divina**).

Sexto Sello.

Vi producirse un espantoso terremoto; el sol se volvió tan negro como burdo tejido de crines y la luna llena, color sangre; y, así como cuando la higuera sacudida por tremendo ventarrón suelta las brevas, así dejó el cielo caer los astros sobre la tierra; luego el cielo, enrollándose como un libro, se encogió y se retiró, mientras toda isla y toda montaña quedaban removidas de sus sitios...

...Vi también a otro ángel que subía de donde se levanta el sol; llevaba (con) sus manos el sello del Dios Viviente y a grandes voces daba órdenes a esos cuatro ángeles que se encargarían de dañar a la Tierra y al Mar: ¡No hagan daño ninguno ni a la Tierra, ni al Mar y tampoco a los

*vegetales, pues debemos primero estampar este sello en la frente de los **(cristianos)** que sirven a nuestro Dios. (Para ahorrarles daño).*

Oí el número de los que fueron sellados 144,000; pertenecían a todas las tribus de los hijos de Israel... (Este número tan exacto es interpretado como simbólico, ya que corresponde a 12,000 sellados por cada tribu de Israel que son 12, dando un total de 144,000).

*...Entonces uno de los Ancianos me preguntó: "¿Quiénes son estas personas con uniformes blancos y de dónde vendrían?". Mi señor, —le respondí— tú lo sabes. Son los que van llegando, me explicó de la gran persecución, después de lavar sus vestiduras y de blanquearlas con la Sangre del Cordero; por esto se encuentran ante el trono de Dios, sirviéndole día y noche **(aquí)** en su Santuario; y El que está sentado en el trono, (para vivir en su compañía).*

No cabe duda que el Sexto Sello , es muy fuerte y revelativo. Cada quien haga sus conclusiones.

Séptimo Sello.

*Se hizo un silencio en el cielo de **Media Hora.*** (De espera, posiblemente, ese silencio se deba a la expectación de una preparación Universal ante la Visión de como terminará el mundo, o sea el planeta Tierra).

Continúa el texto del Apocalipsis en el capítulo 8 del 1 al 5: *Luego vi que a los siete ángeles que estaban delante de Dios se les dio una trompeta a cada uno...*

...En seguida el ángel, tomó el incensario, lo lleno con el fuego del altar y lo lanzó sobre la tierra, *oyéndose luego truenos y voces, se vieron relámpagos, y tembló la tierra.*

Capítulo 8 del 6 al 13. Las Siete Trompetas.

Y los siete ángeles con su trompeta cada uno se prepararon para tocarlas. El Primero toco su trompeta, y en seguida cayo granizo y fuego mezclado con sangre, el cual fue lanzado sobre la tierra. La tercera parte de la tierra se incendió, la tercera parte de los arboles ardió, y toda yerba verde se quemó. El segundo ángel tocó la trompeta, y una como gran montaña ardiendo fue arrojada sobre el mar, y la tercera parte del mar se convirtió en sangre, murió la tercera parte de las criaturas marinas que tienen vida, y quedó destruida la tercera parte de los navíos. Luego toco su trompeta el tercer ángel, y cayo del cielo una estrella grande, ardiendo como una antorcha, la cual fue a caer sobre la tercer parte de los ríos, y sobre las fuentes de agua. Aquella estrella se llamaba Ajenjo. La tercera parte de las aguas se convirtió en ajenjo; (veneno) y muchos hombres murieron a causa de las aguas, porque se habían puesto amargas. Toco luego la trompeta el cuarto ángel; y se redujo en una tercera parte el brillo del sol, de la luna y de las estrellas, y de modo que quedaron obscuros una tercera parte, y que el día perdió la tercera parte de su luz, y la noche igualmente. Luego vi que por medio cielo andaba volando un (ángel en forma de) Aguila, la cual gritaba con voz tremenda "¡Ay, ay, ay de los moradores (apegados) de la tierra por los toques de trompeta de los otros tres ángeles que faltan!".

Con estos textos me pregunto: ¿Ajenjo será uno de los tantos meteóros que dicen que van a chocar contra la tierra? Y ¿esa aparente águila de que se valía para volar?

Capítulo 9 del 1 al 5. La quinta trompeta y las langostas. ***Y el quinto ángel tocó la trompeta.*** *Y vi una estrella* (o sea un ángel) *que había caído del cielo a la tierra, y* **(Dios)** *le había sido dada la llave* **(el permiso de abrir y cerrar)** *del pozo del abismo. Abrió el pozo del abismo; y subió del pozo una humareda como la humareda de un gran horno. Y se oscureció el sol y el aire por el humo del pozo. Del humo salieron langostas sobre la tierra; y les fue dada potestad como la potestad que tienen los escorpiones* (o alacranes) *de la tierra. Y se les dijo que no dañasen la hierba de la tierra ni verdura alguna ni árbol alguno,* **sino sólo a los hombres que no tienen el sello de Dios sobre sus frentes.** *Les fue dado poder, no para que los matasen, sino para que los atormentasen por cinco meses.*

Metafóricamente nos hablan de langostas o alacranes, o que eran algo semejante a esos animales, pero no creo que literalmente se refiera a esos animales.

En otra parte del **Capítulo 9 del 7 al 12**, dice: *En aquellos días buscarán los hombres la muerte y no la encontrarán y* **(o sea)** *desearán morir y la muerte huirá de ellos...*

...Las langostas **(de la visión)** *se parecían a caballos listos para un combate; en sus cabezas tenían algo así como coronas de oro;* **(¿semejante a los cascos?)** *poseían rostros humanos* **(o sea inteligentes)** *cabellera de mujeres*

(como los salvajes) *dientes de leones* (implacables), *corazas de acero* (que les daban seguridad); *y el fragor de sus alas era semejante al de los carros de combate de incontables caballos que corrieran* (en forma arrolladora) *a la guerra; tenían colas de alacranes armadas de aguijón, y era allí donde residía todo su* (limitado) *poder de torturar a los hombres durante los cinco meses; los gobierna el ángel* (rebelde) *del "Abismo"* (infernal) *el cual* (a diferencia de "El Salvador"), *es en lengua hebrea el "Abaddón" y en griego el "Apolión"* (o sea el "Destructor"). El "¡Ay!" primero ha pasado; pero he aquí que están para llegar tras él otros dos "Ayes".

La sexta trompeta y la caballería infernal: *Y el sexto ángel tocó la trompeta,* (que es el segundo "Ay") *oí la voz* (del Cordero), *la cual* (ahora) *salía de los cuatro cuernos* (o esquinas) *del altar de oro situado delante de Dios* (Padre), *ordenar al ángel* (que acababa de tocar la trompeta); *Suelta a* (mis) *cuatro Enviados* (o reyes) *que están como atados en torno al gran río Eufrates,* **para que lleven a cabo la invasión.**

Quedaron, pues, sueltos aquellos cuatro Enviados que (Dios) *tenía preparados para el año, el mes, el día y la hora en que debían encargarse de acabar* **con la tercera parte de la humanidad...**

Los jinetes de su caballería, según oí, eran unos 200 millones.

San Juan describe en otra parte del Capítulo las características de los jinetes, que resulta por demás impresionante, dice: *En la visión pude fijarme en lo siguiente: Los jinetes llevaban corazas del color del fuego, pero de ese fuego azulado de azufre* **(que acompaña al demonio);** *las cabezas de los caballos parecían de leones...*

De sus bocas **(las de los caballos)** *salía fuego, humo y vapor sulfúreo.* **(serán armas)** *A consecuencia de estas tres plagas* **murieron la tercera parte de los hombres:** del fuego, humo y del azufre (Capítulo 9 del 13 al 18).

Es necesario aclarar que con el comentario que hice anteriormente respecto a las langostas, los versículos que acaba de leer, amable lector, nos da una mejor idea que animales **no son.**

En otra parte de este mismo Capítulo, San Juan narra: *De todos modos, los hombres que sobrevivieron a tales plagas no cambiaron de conducta, ni abandonaron sus malas costumbres; de suerte que no dejaron de adorar a esos demonios que son las estatuas de oro, de plata, de bronce, de piedra, de madera; (dioses) que no pueden ver, ni oír, ni andar; y tampoco dejaron los hombres sus asesinatos, sus brujerías sus prostitutas y sus robos.* (Capítulo 9, 20 y 21).

Capítulo 10. El librito comido. (También se le llama, **El pequeño rollo de las profecías**). *Luego vi un ángel* **(el cual se relaciona con el arcángel Gabriel)** *muy fuerte que bajaba del cielo envuelto en un manto de nubes* **(como vestido blanco)** *y con un arco iris* **(símbolo de misericordia)** *sobre su cabeza. Era su rostro* **(tan luminoso)** *como el sol; sus piernas parecían columnas de fuego; y llevaba en su mano un rollo* **(o sea un libro)** *abierto mucho más pequeño* **(que el anterior).**

Continúa en este Capítulo y San Juan relata: *La voz que yo había oído del cielo* **(el Cordero)** *otra vez me habló diciéndome: "Ve a tomar el librito abierto que tiene en la mano aquel ángel que está de pie sobre el mar y sobre la tierra". Yo me dirigí a donde estaba el ángel y le dije que me diera el libro, El me dijo: "Tómalo y cómetelo Te va a amargar el estómago; pero en la boca te sabrá dulce como la miel". Tomé, pues, el pequeño rollo de la mano del ángel y lo comí enteramente,* **(Aquella palabra de Dios escrita)** *fue realmente en mi boca tan dulce como la miel; pero, después de "comerla" un amargo dolor penetró en mis entrañas. Luego me dicen: "Tienes que profetizar nuevamente sobre muchos pueblos, naciones, lenguas y reyes".*

Capítulo 11. Los dos testigos. *Luego* **(el Cordero)** *me dio una caña parecida a un bastón, diciéndome: "Levántate, y anda a medir el Templo* **(vivo)** *de Dios, el altar* **(a la Iglesia de los cristianos)** *y a los que allí estén realmente adorando,* **(a Dios y salvarlos de la destrucción)** *y deja allá afuera sin medirlo el atrio exterior del Templo, porque ha sido entregado a las naciones, las cuales hollarán la Ciudad Santa con sus pies durante 42 meses,* **(es decir por un plazo tan corto que no lograrán sus intentos);** *al mismo tiempo...*

Y yo daré poder á mis dos testigos ellos profetizarán por espacio de 1260 días, vestidos de sacos.

Estos son los dos olivos y los dos candelabros que están puestos **ante el Señor de la tierra.** *Si alguno los quiere dañar,* **sale fuego de la boca de ellos y devora a sus**

enemigos. *Y si alguno quisiera dañarlos, tendrá que morir así. Estos tienen el poder de cerrar el cielo para que no caiga lluvia durante los días de su ministerio profético, y tienen poder sobre las aguas para convertirlas en sangre y para herir la tierra con cualquier plaga cuantas veces quieran.* (Capítulo 11 del 1 al 6).

Más adelante narra San Juan que los dos Testigos fueron derrotados por una fiera que subió de los abismos por lo que se alegraron las naciones de lo sucedido, ademas Ellos, los Dos Testigos, no fueron enterrados hasta después de tres días y medio, y en la parte última de este capitulo 11 escribe lo siguiente: *Luego oyeron una gran voz que desde el cielo les decía: "Subid acá" Entonces subieron al cielo sobre una nube a la vista de sus enemigos. En aquella misma hora hubo un temblor horrible, y la décima parte de la ciudad se derrumbó, y en el temblor murieron 7,000 personas. El resto se llenó de temor y dio gloria al Dios del cielo. Ya pasó el segundo Ay; pronto llegará el tercero.*

En este texto queda una duda, ¿qué era en realidad aquella nube en que subieron?

He aquí, el tercer ¡Ay! venía en seguida.

Al tocar **el Séptimo ángel la Trompeta,** altísimas voces cruzaron el espacio:

¡Ya quedó establecido el reino universal de nuestro Señor y de su Mesías; Ellos reinarán por la eternidad!, ¡Que así sea!...

Entonces los 24 Ancianos sentados en sus tronos a las ordenes de Dios, se arrojaron sobre sus propios rostros y adoraron a Dios diciendo: *Te damos gracias ¡oh Señor Dios Todopoderoso! que eres, y eras, y que has de venir; porque has tomado tu grande poderío, y has reinado.*

El mismo San Juan comenta: *Los paganos se habían colmado de furor, pero les sobrevino el furor Tuyo; ha llegado el momento de hacer justicia a los cristianos asesinados* **(juzgar a los muertos)** *y dar el premio a quienes te han servido, o sea a los profetas, a los cristianos y a los que, humildes o grandes, temen y respetan tu Divinidad; ha llegado el momento de destruir a esos que pretendían "destruir" la Tierra.*

LOS SIETE SIGNOS DEL CIELO

Dentro del texto del Capítulo 11 del 15 al 19 de nuestra materia de estudio, el Apocalipsis se lee: *Enseguida se abrió el Templo de Dios en el cielo, y se vio allí el ARCA DE SU ALIANZA, y hubieron relámpagos, voces y truenos; tembló la tierra y cayó una espantosa granizada.*

Aclaración: No se pueden simplificar más los textos sin correr el riesgo de perder su verdadero significado, ya que no se sabe si San Juan habla en presente o en futuro, todo resulta tan actual que es difícil no pensar en nuestra época.

Pero prosigamos con el Capítulo 12: *La Mujer y el Dragón. Después apareció en el cielo un gran prodigio: UNA MUJER ENVUELTA DEL SOL como de un manto, tenía la luna bajo sus pies, y en la cabeza llevaba una corona de doce estrellas* **(demostrando ser la Reina de las Doce Tribus del nuevo Israel cristiano o bien son los**

doce apóstoles que iniciaron y divulgaron la nueva religión católica). *Aquella mujer estaba en cinta, y gritaba afligida por los dolores de parto.* **(Algunos vinculan a esta mujer con María, pero recordemos que María dio a luz sin dolor)...**

Se vio de pronto otra cosa grandiosa en el cielo un dragón enorme **(la serpiente antigua, el llamado** *Diablo o* **también** *Satanás* **el perverso del universo)** *rojo de fuego, con siete cabezas y otras tantas diademas y diez pares de cuernos. Después de barrer con su cola y arrojar a la Tierra la tercera parte de los Astros,* **(aquí los astros caídos del cielo podrían ser los ángeles rebeldes comandados por ese ser seductor y maléfico llamado Lucifer)** *el Dragón se puso en acecho delante de la Mujer próxima a dar a luz; pues ansiaba devorar totalmente al Hijo en cuanto la Mujer diese a luz.* **La mujer dio a luz a un niño varón (el Mesías) que ha de gobernar a todas las naciones con un cetro de hierro.** *Aquel niño fue arrebatado hacia Dios y hacia su trono.* (Capítulo 12 del 1 al 5).

Cabe una pregunta, cuándo se habla **del dragón,** ¿qué tipo de cosa ES?

Pasemos ahora al Capítulo 13, en el cual San Juan menciona al ANTICRISTO.

Las dos Bestias. *En una nueva visión vi subir del mar una BESTIA que* **(representando al imperialismo ateo y a la violencia)** *tenía diez pares de cuernos y siete cabezas, sobre los cuernos llevaba diez diademas* (símbolos de sus victorias) *y en cada una de sus cabezas un nombre blasfemo...*

Luego vi subir otra bestia **(que simboliza a los sacerdotes del paganismo y a la insidia)** *y ésta subía* **(no del mar, sino)** *de la tierra; tenía dos pares de cuernos como de cordero* **(tratando ser como el Mesías),** *pero razonaba y hablaba como el Dragón; todo cuanto podía la primera Bestia también la segunda lo ejecutaba según las órdenes que le diese la primera; con lo cual obtenía que los hombres mundanos adoraran a la primera Bestia, cuya herida mortal había sido sobresanada. Hacía también grandes prodigios; a tal grado que hacía bajar fuego del cielo sobre la tierra a la vista de los hombres; y seducía a los habitantes de la tierra con los prodigios que obraba delante del otro Monstruo, diciéndoles a los moradores de la tierra que le hiciesen al otro Monstruo una estatua, a aquel Monstruo que había recibido la herida de la espada y sin embargo había sobrevivido.* (Capítulo 13 del 11 al 14).

Cabe mencionar que la BESTIA tendrá poder y control sobre los hombres y no sabemos si ya está actuando en la actualidad.

Pero analicemos la parte última de este capítulo.

Logró así que cuantos se negaban a adorar la estatua fuesen muertos, también hacía que a todos, grandes y pequeños, ricos y pobres, libres y esclavos, se les pusiese una marca **(un sello)** *en la mano derecha, o en la frente, a fin de que nadie pudiese comprar ni vender,* **(o sea ejercer el comercio sólo con una especie de código de barras)** *excepto aquellos que llevasen la dicha marca: el nombre del Monstruo, o el número de su nombre. Aquí está* *la agudeza, El que tenga inteligencia que cuente el número del Monstruo, pues es número humano. Dicho número es el seiscientos sesenta y seis (666).*

Es importante que recordemos que, antiguamente, en la lengua hebrea, las letras tenían un valor numérico, llamada Gematría y si tomamos algunas letras al azar como un ejemplo y hacemos una interpretación a su equivalente en español, el resultado sería el siguiente:

$$N e \ R o \ W \ N \qquad C a e \ S a \ R$$
$$50 + 200 + 6 + 50 \ + \ 100 + 60 + 200 = \mathbf{666}$$

En este caso, las letras importantes son las mayúsculas, la que dan el valor y de ahí que solamente aparezcan siete cifras correspondientes a las consonantes.

Si ponemos atención, en la actualidad, **se nos controla y codifica por números y signos**, más que por letras, para acabar pronto, **somos un número más que un nombre.**

Capítulo 14. El Cordero y su séquito o El Cordero forma su ejército. Es una nueva visión de que el Cordero se había situado en el Monte Sión junto con esas 144,000 personas que llevaban sus frentes selladas con el Nombre del mismo Cordero y de su Padre **(Dios).**

Más adelante se refiere a que hay cantos alabando al ejercito del Cordero y sólo lo podían entonar aquellos que tenía el Nombre del Cordero en su frente, para que quede claro, solamente los 144,000 señalados. Continua narrando San Juan: *Son los que jamás se han contaminado con las mujeres* **(es decir, con la idolatría);** *son, pues, los hombres más selectos y los primeros destinados a Dios y al Cordero; y, como en su boca* **(y conducta)** *nunca se halló mentira, son realmente intachables.*

Los tres Angeles

El Angel de la Salvación. *Luego vi un ángel no visto hasta entonces; volaba en lo mas alto del firmamento llevando un mensaje eterno* **(y definitivo)** *de felicidad* **(de salvación).** (Capítulo 14-6).

En los siguientes versículos, San Juan se refiere a que el mensaje es para todas las naciones, tribus y diferentes lenguas de la tierra, sobre todo para aquellos que viven en las tinieblas del paganismo y narra esta visión:.*Y el ángel a grandes voces decía: "Temed al Señor y dadle gloria porque ya llegó la hora de su juicio decisivo, empiecen a adorar al* **(Dios)** *que hizo existir el cielo, la Tierra, el mar y los manantiales.* (Capítulo 14 - 7).

El Angel contra Babilonia. *Le siguió otro ángel que decía; ¡Pronto caerá Babilonia la Grande! ¡esa que a todas las naciones tenía emborrachadas con el vino furioso de su prostitución!* **(Idolatría).**

El Angel del juicio. *A esos dos siguió un tercer ángel, el cual proclamaba en alta voz: Si alguno adora a la Bestia y a su estatua al grado de aceptar en su propia frente o en su mano el sello de la Bestia,* ***ése se verá obligado a beber el vino furioso de la indignación de Dios.*** (Capítulo 14 -9).

San Juan nos dice más adelante del castigo que recibirán aquellos que adoraron **(o adorarán)** a la Bestia y termina su visión del ángel de la siguiente manera: *Después oí una voz que desde el cielo me decía: Escribe*: ...**Dichosos desde ahora quienes mueren unidos al Señor (Jesús). Sí, dice el Espíritu, (Santo) ya van a descansar de sus fatigas porque sus obras los acompañan.** (Capítulo 14 - 13).

EL HIJO DEL HOMBRE

San Juan, en otros versículos del mismo capitulo describe: *Luego salió del Santuario otro ángel que con fuerte voz gritó al que estaba sentado en la nube: "Ya arroja tu hoz y cosecha, porque llegó la hora de cosechar, pues la mies de la tierra* **(la humanidad)** *está bien madura". Entonces el que estaba sentado en la nube arrojó la hoz a la tierra, la cual quedó cosechada* **(juzgada).** (Capítulo 14 - 15 al 16).

Según San Juan fueron varios los ángeles que intervinieron en esta parte y al final de dicha visión dice: *Entonces aquel ángel arrojo su hoz sobre la tierra, y echó al gran lagar de la cólera de Dios.. El lagar fue pisoteado fuera de la ciudad, y de aquel lagar salió sangre hasta llegar al freno de los caballos, en un espacio de 1,600 estadios* **(alrededor de 300 kilómetros cuadrados).** (Capítulo 14 del 19 al 20).

Capítulo 16. **Los Angeles de las siete plagas o Las Siete Copas.** *Después oí una gran voz que salió del Santuario,* *la cual dijo a los siete ángeles: "Id a vaciar sobre la tierra esas siete copas llenas de la cólera de Dios,* **"Enseguida partió el primero** *y vacío su copa sobre la tierra; y luego les salió a los hombres una ulcera maligna y dolorosa; a los hombres que llevaban la marca del Monstruo y a los que adoraban a la estatua.* **Enseguida el segundo** *vació su copa sobre el mar, el cual se puso como sangre de muerto, y murió toda criatura viviente del mar.* **Enseguida el tercero** *vació su copa sobre los ríos y los manantiales de las aguas, las cuales se convirtieron en sangre.* **Luego el cuarto ángel** *vació su copa* **(desde el cielo)** *sobre el sol, al cual se dio el poder de abrasar a los hombres con sus ardores. Sufrieron éstos quemaduras horribles, y maldijeron el nombre de Dios que tiene poder de enviar semejante plagas; pero no se arrepintieron para darle gloria.* **Enseguida el quinto** *vació su copa sobre* **(Babilonia)** *el trono del Monstruo y su reino se quedó sumido en tinieblas. La gente se mordía la lengua de desesperación y maldecían al Dios del cielo aquellos tormentos y por las úlceras; pero no se arrepintieron de sus obras.* **Luego vació el sexto** *su copa sobre el gran río Éufrates, y sus aguas se secaron,* **(borrando las lineas de las fronteras)** *para abrir el camino de los reyes de donde el sol sale. Y vi que del hocico del Dragón, y del hocico del Monstruo y de la boca del falso profeta salían tres espíritus impuros de figura de ranas, los cuales eran en realidad espíritus de demonios* **(de la inmoralidad de la política y de la filosofía pagana)** *que hacen cosas prodigiosas, los cuales salieron a reunir a todos los reyes de toda la tierra para la batalla del gran día del Dios Omnipotente.* (Capítulo 16 - 1 al 14).

Es muy importante leer con atención lo que a continuación nos refiere San Juan, es muy significativo: *Mirad que llegaré como el ladrón. "Dichoso el que esté despierto y cuidando su ropa, para que no vaya a andar desnudo y le vean sus vergüenzas". Y los reunieron en el lugar llamado en hebreo Har-Maguedón.*

La raíz de la palabra Har.Maguedón, significa Cortar, Asesinar y es sinónimo de Destrucción. También es un paraje enclavado en el estado de Israel, vinculado con guerras y matanzas en el pasado. En la actualidad el lugar se llama Tell el-Mutesellim, y se encuentra muy cerca de una de las mas importantes bases de aviación del país. Cuando Napoleón vio desde la cima éste valle dijo: "Todos los ejércitos del mundo podrían preparar sus batallas aquí".

Retomando los textos bíblicos, San Juan refiere: ***Enseguida vació el séptimo ángel su copa*** *sobre el aire, y salió del Santuario, del trono, una voz atronadora, la cual dijo: "Ya se hizo" Y hubieron relámpagos, voces, truenos, y un temblor tan fuerte como jamás lo había habido desde que comenzó a haber hombres sobre la tierra: no, ningún temblor tan terrible como éste. Entonces la Gran Ciudad* **(Babilonia, la Roma pagana enemiga de Dios)** *se partió en tres, mientras las demás ciudades se derrumbaban.* (Capítulo 16 - del 15 al 19).

Más adelante, en el último versículo de Capítulo 16 dice: *Y un enorme granizo del peso de un talento* **(40 kilos)** *cayó del cielo sobre los hombres. y los hombres maldijeron a Dios a causa de aquella plaga del granizo que era un castigo excesivamente terrible.*

Advertencia: Para darnos cuenta, según la Profecía, de como quedará aquel lugar, en el Capítulo 18, versículo 21 se obtiene la descripción:

Babilonia motivo de maldición

Luego un ángel robusto tomó una gran piedra como las del molino y la arrojó sobre el mar, diciendo: Así también se hundió de un tiro la gran ciudad de Babilonia y no volverá a aparecer jamas.

Babilonia es una antigua ciudad situada a la orilla oriental del río Éufrantes; se encuentra a 321 kilómetros de Bagdad, en Irak. En el Nuevo Testamento se convirtió en un símbolo de Roma y de su maldad y según el texto anterior cabe preguntar: ¿qué es lo que verdaderamente va a caer y destruir parte del planeta Tierra y **cuándo**?

LAS SIETE VISIONES FINALES

Exterminación de los Monstruos. *Enseguida vi el cielo abierto, en el cual apareció un caballo blanco, cuyo jinete se llama Fiel y Veraz,* **(a lo que promete)** *el cual juzga y combate justamente. Sus ojos son llama de fuego;* **(que penetra en las almas)** *y en la cabeza lleva muchas diademas;* **(de Rey triunfador)** *y tiene un nombre escrito que nadie conoce sino él. Va envuelto en un manto teñido de sangre. Y su nombre es **La Palabra de Dios**. Le siguen los ejércitos del cielo sobre caballos blancos, vestidos de lino blanco y puro. Y de su boca sale una espada aguda para herir con ella a los gentiles. El los regirá con vara de* *hierro, y él pisa el lagar del vino de la terrible ira del Dios todopoderoso. Y sobre el manto y sobre el muslo lleva escrito un nombre:* **REY DE REYES Y SEÑOR DE SEÑORES.** (Capítulo 19 - del 11 al 16).

La batalla. *Y vi la bestia, y a los reyes de la tierra y sus ejércitos, congregados para hacer la guerra contra el que montaba el caballo* **(blanco)** *y su ejército. Y fue apresada la bestia y con ella el falso profeta, el que hizo las señales en su presencia, con las que extravió a los que recibieron la marca de la bestia y a cuantos adoraron su imagen. Vivos fueron arrojados los dos al lago de fuego que arde en azufre. Los demás fueron muertos por la espada del que montaba el caballo, por la que salía de su boca.* **Y todas las aves se hartaron de sus carnes.** (Capítulo 19 del 17 al 21).

Capítulo 20. **Derrota del dragón y reino de mil años o la prisión milenaria de Satanás.** *Y vi un ángel que bajaba del cielo con la llave del abismo y una gran cadena en la mano Se apoderó del dragón, de la serpiente antigua que es el diablo y Satanás, y lo encadenó por mil años. Lo arrojó al abismo, que cerro y sello para que no extraviase más a las naciones, hasta que se cumplieran los mil años. Después de esto habrá de ser soltado por un poco de tiempo.* (Capítulo 20 del 1 al 3).

El reino milenario de los cristianos. *Después vi unos tronos en los cuales se sentaron unos a quienes se dio la autoridad de juzgar.*

En los siguientes versículos nos habla San Juan del **premio** que tuvieron aquellos que sufrieron, porque nunca aceptaron adorar a la Bestia ni su sello.

Derrota de Satanás. Cuando hayan transcurrido esos mil años Satanás será puesto en libertad, y San Juan nos dice que: *El Monstruo quiso engañar y atacar de nueva cuenta a los santos, pero fue derrotado por Dios y Satanás y el falso Profeta serán lanzados al lago del fuego y sufrirán el castigo Divino día y noche, por los siglos de los siglos.*

ÚLTIMOS ACONTECIMIENTOS

El último juicio. *Luego vi un gran trono resplandeciente y al que estaba sentado en él, de cuya presencia huyeron la tierra y el cielo, cuyo lugar ya no se encontró. Y vi a los muertos, grandes y pequeños, de pie ante aquel trono y se abrieron unos libros y se **abrió también otro libro que es el de la vida y los muertos fueron juzgados según sus obras por los datos escritos en aquellos libros.** Y se encuentre donde se encuentre el muerto, aún en el infierno será juzgado. Todo aquel que no se hallaba registrado en el libro de la vida era arrojado a aquel lago de fuego* (**al infierno por siempre**). (Capítulo 20 del 11 al 15).

Capítulo 21. **La Jerusalén celeste.** *Luego vi un cielo y una Tierra nuevos; pues el cielo y la Tierra de antes habían desaparecido y el mar* (**con su agitación**) *ya no existía. En seguida vi bajar del cielo, del lado de Dios, una nueva ciudad santa, otra Jerusalén, ataviada como una novia* *para su esposo. Al mismo tiempo oí una voz potente* **(la del creador)**, *la cual desde el trono explicaba: He aquí que Dios morará con los hombres fijará su tienda* **(aposento)** *entre ellos; de manera que ellos serán sus pueblos y El será el* **Emanuel** **(Dios con nosotros)**; *pues enjugará totalmente aún la última lágrima de los ojos de los hombres; en efecto habiendo pasado la primera vida, ya no habrá mas muerte, ni llanto, ni alarido, ni dolor. El mundo de antes ya se acabó y aquel que estaba sentado en el trono dijo: "Mirad que he hecho un mundo nuevo". Luego me dijo: "Escribe, porque estas palabras son verdaderas y ciertas". Después me dijo: "Ya se acabó".* **Yo soy alfa y omega, el principio y el fin.** *Yo le daré el balde con agua de la vida. El vencedor tomará posesión de estas cosas. Yo seré su Dios y el será mi hijo.*

En otros versículos, San Juan se refiere a aquellos que han sido cobardes e infieles, que han cometido faltas en la vida y son adoradores de la bestia y que el creador les dará por lugar el lago de llamas ardientes de azufre, que es la segunda muerte. *Y allí San Juan comenta en otros versículos como un ángel portador de una de las últimas plagas, le enseñó a Jerusalén la ciudad Santa; bajaba ella del cielo, o sea de donde mora Dios, radiante del esplendor mismo de Dios; brillaba su transparente luminosidad como piedra preciosísima y emitía destellos igual que un diamante; tenía muralla ancha y alta con Doce Puertas grandiosas, las cuales representaban a* **(los patriarcas de)** *las doce tribus de Israel; sobre las puertas vigilaban doce ángeles había tres puertas al oriente, tres al norte y otras tres al sur y tres al poniente; la muralla de la Ciudad* *descansaba sobre doce Cimientos* **(correspondientes a las puertas)**, los cuales representaban a los doce Apóstoles del Cordero **(Jesús).** (Capítulo 21 del 9 al 14).

Cuando San Juan se refiere al lago de llamas y ardiente azufre, aquí, más que de un infierno metafórico, habla de un incendio real pero en la Tierra y cabe la interrogante: ¿Qué será lo que verdaderamente va a bajar del cielo? Ya sabemos que en la Biblia el mensaje hacia los profetas es de forma alegórica y/o simbólica, **son hechos que van acontecer de una manera real y concreta,** pero **sobrepasa nuestra imaginación.**

En los versículos del Capítulo 22 del 2 al 5, San Juan nos dice del árbol de la vida de los frutos que produce cada mes y del provecho que tienen las hojas de sus árboles para la curación de las naciones, en este lugar ya no habrá condenados, allí se encontrará el trono de Dios y del Cordero, le rendirán culto, ellos si verán su rostro, y llevarán su nombre en la frente. En ese lugar ya no será necesaria la luz del sol porque el Señor Dios los alumbrará, y reinará por los siglos de los siglos.

Luego me dijo el ángel: Estas son cosas verdaderamente seguras, por el hecho de que Yahvé, el mismo Dios que inspiró a los Profetas, me envió para mostrar a sus siervos **(los Cristianos)** *lo que ha de suceder* **en breve**; *en efecto,* **(el Cordero)** *me dijo: Mira, vengo pronto* **(y por esto)** *¡dichoso el que tomó en serio las cosas que vienen en este libro profético!*

Esto le he visto y oído yo *Juan, en persona*; y fue **(precisamente)** *después de verlo y oírlo cuando me arrojé* *a los pies de ese ángel que me lo mostraba para adorarlo, y él me dijo: Cuidado, no lo hagas; pues sólo soy compañero* **tuyo y de tus hermanos profetas y también de cuantos guarden el contenido de este libro:** (sólo) *a* **Dios adora.**

Lo que refiere San Juan enseguida, es de un contenido muy importante porque aquí habla ya del tiempo **(divino)**, del período que, de una o de otra forma, algunos creen que ya nos encontramos en el ya que en el versículo 10 del Capítulo 22 encontramos: *Enseguida me dijo:* **(Jesús) "No te reserves las palabras de la profecía contenida en este libro, porque el tiempo ya está próximo".**

El Cordero comunica a San Juan que cada quien tendrá el albedrío de hacer el bien o el mal, pero pronto vendrá para dar a cada quién lo que le corresponda por sus obras. Y luego le dice Jesús: *Yo soy Alfa y Omega, el Primero y el Ultimo, el Principio y el Fin. ¡Dichosos aquellos que lavan sus vestiduras para tener derecho al árbol de la vida, y para entrar por las puertas a la Ciudad!*

Dios se refiere a que a esa ciudad no entraran los pecadores ya que: *Jesús mandó al ángel para que hiciera estas revelaciones para las Iglesias. Y la* **(Iglesia),** *Esposa* **(del Cordero),** *a impulsos del Espíritu* **(Santo)** *suspira: ¡Ven! y también el que oiga* **(la lectura de este libro)** *repita: ¡Ven! Y el que tenga sed* **(de Dios)** *que venga y saque gratuitamente cuanto quiera de esa* **Agua** *que le proporciona Vida* **(eterna).**

Posteriormente San Juan escribe de una manera personal del libro profético. Apocalipsis termina en el Capítulo 22 versículo 20, el cual dice: **(Jesús)** *El que atestigua estas* *cosas dice: "Sí, vengo pronto". Amen. Señor Jesús, ven. Que la gracia de Jesucristo este con los santos. Amen.*

El Apocalipsis de San Juan describe a detalle a los creyentes, de tal forma que lo entiendan y se imaginen los mensajes con imágenes y que estamos acostumbrados a ver.

Algunos intérpretes del Apocalipsis, describen a los caballos como naves, a los ángeles como si vistieran armaduras, además de encontrar explosiones atómicas, choques de meteoros con nuestro planeta o signos en el cielo, como el que se dará el 11 de agosto de 1999, en gran parte de Europa; a este fenómeno se le llamará **la Cruz Cósmica**, que en realidad será un eclipse de sol, ya que varios planetas formaran verdaderamente una cruz, se especula que ésta será una señal de la proximidad del final de los tiempos, nadie lo sabe ciertamente.

Considero absurdo y riesgoso opinar como se dará el final de los tiempos descrito en el Apocalipsis, sólo contamos con la descripción de manifestaciones y elementos que están fuera de todo lo que podamos imaginar. Valga el parangón entre el hombre y el final de los tiempos, el hombre vive, pero muere, mas no sabe cuando y el final de los tiempos llegará de una manera semejante; ya lo dijo Jesús a San Mateo: *El cielo y la tierra se desvanecerán pero mis palabras no han de desvanecerse. Pero sobre qué día y qué hora sea aquella, nadie sabe, ni los ángeles, ni los cielos, ni el Hijo, sino sólo el Padre.* **¡Lo preocupante es que va a suceder!**

papa juan xxiii, el profeta

Por Marco Antonio Gómez Pérez

Dentro de la tarea de encontrar los pocos profetas verdaderos y descartar a cientos de farsantes, al que tal vez no se le ha dado la importancia que merece, por su alta investidura de Sumo Pontífice y ser uno de los Papas con mayor inclinación al esoterismo, es ni más y menos que Angelo Roncalli, conocido posteriormente en el mundo como **Juan XXIII**. Angelo nace el 25 de noviembre de 1881 en Sotto il Monte, en la provincia de Bérgamo, Italia. Todos sus estudios los realiza en Seminarios, tomando los hábitos religiosos en 1895. El 10 de agosto de 1904 se ordena sacerdote en la iglesia de Santa María del Sacro Monte siendo recibido al día siguiente por el Papa Pío X.

Durante su vida, Angelo viaja mucho a las grandes ciudades y a los lugares más apartados del planeta, lo que le permite conocer a todo tipo de personas y le abre las puertas para ser un diplomático de primer nivel. El 15 de enero de 1953 es ordenado cardenal y patriarca de Venecia y el 4 de noviembre de 1958, es designado Sumo Pontífice de la iglesia católica, asignándose el nombre de Juan XXIII.

Quienes creyeron que iba a ser un papado sin ningún cambio se equivocaron, ya que lleva a cabo el Concilio Vaticano II para que la iglesia se nutra de la palabra de sus sacerdotes y los fieles capten con claridad sus mensajes. Juan XXIII es un papa revolucionario, introduce muchos cambios en la forma de trabajar de los clérigos y es el primero, en muchos siglos, en salir del Vaticano, visita todos los países que puede hasta el día de su muerte, ocurrida el 3 de junio de 1963, en medio de una verdadera y sentida consternación mundial.

La parte oculta de la vida de Angelo Roncalli, se inicia al ingresar en Italia, a una sociedad secreta durante 1935. En su primera visita a un templo de esa agrupación esotérica y en medio de un largo trance, narra lo que ahora se conocen como *Las Profecías de Juan XXIII*, recopiladas por el periodista italiano Pier Carpi un un libro del mismo nombre.

Podemos destacar del libro de Carpi que Angelo Roncalli profetizó la Segunda guerra mundial, las muertes de Hitler y la de un papa durante el concilio (la de Juan XXIII), la ascensión de Pío XII en tiempos difíciles y un papa que será herido durante su pontificado (¿alguna duda sobre Juan Pablo II?), entre otros hechos históricos, pero lo más importante es saber qué profetizó Juan XXIII para este futuro inmediato que nos atosiga y atormenta, por ser, según los profetas, inevitablemente catastrófico. Y al igual que Nostradamus, este Papa centra la mayoría de sus profecías en los acontecimientos por venir en la figura de los Papas y la participación del Vaticano en los grandes conflictos mundiales.

Sin más preámbulo, iniciemos el estudio de lo que profetiza Juan XXIII en primer lugar, en referencia a los acontecimientos que afectarán al Vaticano y a sus vicarios: *Dos hermanos. ninguno de los cuales será Padre verdadero. La madre enviudará. Los hermanos de Oriente y Occidente se matarán y en la lucha matarán a sus hijos. El santo descalzo bajará entonces de la montaña y ante la tumba del descalzo bendecido por la Santísima Virgen hará que se estremezca el reino. Escuchad sus palabras. Santa María, hija y madre de Dios, señora del futuro, llama a tus hijos que están por los campos para que se unan a fin de destruir las dos Babilonias. Y sea una la madre, como única eres tú. La tierra destruirá el cemento y tu nueva Iglesia será de tierra, oh Reina. Y en su nuevo altar de la tierra florecerá el trigo para el hambre de tus pueblos. Amén.*

Terriblemente sorprendente y similar es esta profecía de Juan XXIII con la de Nostradamus en la que se menciona que habrán dos papas pero ninguno será legítimo y que dos hermanos morirán, uno en Oriente y otro en Occidente, lo que provocará caos mundial y crisis en las creencias religiosas católicas. Todo esto mejorará cuando aparezca un santo descalzo que eliminará pacíficamente a los dos Papas en conflicto y unificará otra vez a los católicos en torno a la figura de un legítimo Pontífice, quien invocará la fuerza de la Virgen para lograrlo y las ciudades serán abandonadas para retornar a la vida sana del campo.

En otro texto de sus profecías, Juan XXIII reitera el conflicto que se desatará cuando mueran dos caudillos en Oriente y Occidente, creemos que caerán casi simultáneamente: *Un gran relámpago en Oriente. no oiréis el trueno; todo será inesperado. Esto sucederá cuando muera un caudillo en Oriente y maten a un caudillo en Occidente. Al sur de Lutero. Rechazad a los asesinos que os sean presentados. Los asesinos están en Europa. Quieren el Mediterráneo. Después habrá el crimen sin asesinos. El tiempo ha incubado una mente a la sombra de la cruz roja y negra ignorada de todos, hija de los que estuvieron ausentes en Nuremberg. Ha tramado un crimen alrededor de sí misma. Hay quien renuncia a la vida por amor del mal. La tierra rozará la matanza. Uno morirá por todos y será el más bueno. No es este un tiempo para reyes, nunca lo fue. Desde la muerte de Federico, todo rey es un usurpador. Que se marche el rey y quede el pueblo. Europa tiene sed, habrá sangre por las calles. Más también habrán grandes procesiones y la Virgen Santísima descenderá a la tierra. No la veréis en la gruta, sino en un corazón que volverá a la vida. Traerá de las tinieblas una palabra que todos comprenderán. Ha llegado la hora de las cartas.*

Una profecía por demás reiterada por otros videntes, dos muertes de grandes personajes, una en Oriente, tal vez de muerte natural y otro asesinado en Occidente, seguramente en algún país de América Latina pero, no se debe creer en los supuestos asesinos que serán presentados públicamente por las autoridades, porque son inocentes, los verdaderos asesinos estarán muy lejos, en Europa. Uno de los matones es hijo de algún asesino que no fue juzgado en Nuremberg y provocará un gran conflicto bélico, por lo que un hombre bueno será sacrificado para solucionar este grave problema. Este texto encaja perfectamente con la profecía que expresa que un Papa morirá lejos de Roma, este parece ser el complemento a ese texto. Después, un acontecimiento será anunciado por un trueno o relámpago en el Oriente, igual de dramático que los anteriores, se descarta que sean Rusia y/o China porque siempre son mencionados con precisión por el profeta, pero si pueden ser algunos de los países limítrofes. Habrá un movimiento de resurgimiento en Europa exigiendo más libertad en todos los órdenes de la sociedad que provocará un gran derramamiento de sangre. También habrá una aparición de la Virgen pero será totalmente diferente a como ha ocurrido en los últimos años. Tan sólo en México se ha "aparecido" en todas las formas y lugares inimaginables. Además, una persona que se cree muerta regresará del más allá para traer el testimonio de la grandeza de la virgen María del que nadie, absolutamente nadie, tendrá dudas del milagro. Finalmente, aparecerán unos documentos (cartas), que aclararán situaciones de la Segunda guerra mundial hasta ahora desconocidas.

La siguiente profecía también tiene puntos bastante claros: *Tu reinado será breve y grande, Padre. Será breve más te llevará lejos, a la remota tierra donde naciste y serás enterrado. En Roma no querrán darte sepultura y antes de que seas inhumando habrá otro padre, lejos, que rezará*

*por ti, por las heridas de la madre. Mikail y Juan bajarán
a la tierra. Se abrirán las urnas en las criptas de debajo
del tesoro y se descubrirán los pasos del primer hombre.
El gran hermano de oriente hará temblar al mundo desde
la cruz invertida sin lirios. El nuevo Padre le acometerá
pero dejará huérfana a la Madre. Más antes de sus palabras de ciencia verdadera, el secreto del arma que destruye
las armas. Vendrá entonces un tiempo de paz y el nombre
de Alberto se inscribirá en la lápida.*

Muy claro está el mensaje; la iglesia católica entrará en
crisis ya que habrá un Papa extranjero, es decir no italiano,
que reinará por poco tiempo, (ni Juan Pablo I ni Juan Pablo
II tienen juntas estás dos características), luchará contra el
anticristo que viene de Oriente y en la lejana batalla perderá
la vida, no podrán enterrarlo en el Vaticano y será llevado
a su tierra natal. Este sacrificio servirá para conseguir la
paz, ¿su nombre?, sin duda Alberto. Probablemente se
descubrirán los restos de San Pedro y una especie de arma
tan poderosa que eliminará o reducirá a chatarra a las
demás.

Existe otra profecía en torno a diferentes acontecimientos de la iglesia católica, terrible y esperanzadora a la vez:
*Antes de la última luz, los pastores reconocerán el signo.
Y la madre tendrá muchos Padres, y todos ellos serán
hermanos. De las aguas y de las tierras nacerán catedrales
y templos para antiguos y nuevos santos de nombre eterno.
Pero ya ha llegado la hora de los santos. Todos hablarán
la misma lengua. Y la hablarán para rezar a la Virgen y al
Salvador. Llega a la tierra el Reino de Dios, se erige su
ciudad incluso para quien no la deseó. El primer sol*

*iluminará la balanza de lo creado. Abrid vuestro corazón
al lirio. La voz será potente, la anunciarán las trompetas.
Luz de Occidente, última luz anterior a la luz eterna y
desconocida. La verdad será más simple que lo que todos
hayan dicho o escrito. Será un juicio benévolo. Padre
nuestro, que estás en los cielos, venga a nosotros tu reino.
Hágase tu voluntad, así en la tierra como en el cielo. Veinte
siglos más la edad del Salvador. Amen.*

Esta es una irrefutable alusión al juicio final, antes de
ello, la hunmanidad padecerá muchos males antes de com-
prenderse entre todos, llamarse hermanos, hablar una sola
lengua y mantener una misma fe. ¿La fecha en que esto
acontecerá?, veinte siglos más la edad de Cristo, es decir,
el año 2033 de nuestra era.

En lo que respecta a nuestro continente y con precisión
a América Latina, Juan XXIII proclama: *Desde el sur,
contra Lutero y los herederos de Nuremberg, los que
faltaron, los que ocupaban el sitial de los jueces. La que
fue colonia esclava del tributo de la sal, impone su autoridad popular. Y llegará un santo a la ciudad blanca para
decir en voz alta palabras de verdad. Tras él, a pecho
descubierto, los humildes que traerán la justicia a la tierra
de Lutero, ayer desgarrada. Las tierras del Oeste que se
habían rebelado lucharon y vieron a sus hombres encerra-
dos en el cemento, entre las palmas. Lutero tenía dos jefes
enfrentados y divididos. Allende el riachuelo, la autoridad
del pueblo y la orden de rendirse al mundo marginado que
hoy, cuando han muerto las armas, posee el poder de la
palabra. Lutero conocerá luchas y abrazos y, más tarde,
una sola palabra, la más alta, la ya pronunciada. Y al pie*

de la estatua de la primera santa será definida la carta del amor. En los lagos espera el que odia; quiere matar y no se atreve. Sólo hoy termina Nuremberg. Más atención al rostro que sonríe y que viene del sur, más del sur que nadie. Su corazón estuvo siempre en el norte y vuelve para recuperarlo con sus hermanos negros. Persiste el miedo, pero con la concordia todos los hombres de encima y debajo de Lutero buscarán a alguien. Y será de paz el día en que una mujer jurará sobre la Biblia renovada.

La interpretación de Pier Carpi a esta profecía es la de que un movimiento popular aglutinará a toda América Latina en contra de Estados Unidos para dejar de ser sus colonias, económicamente hablando, cuando en Estados Unidos se descubran a los que fueron jueces en Nuremberg y debieron estar en el banquillo de los acusados, así como a algunos de los altos jerarcas del nazismo que lograron esconderse en algunos países de América del Sur todos estos años para no ser juzgados por sus atrocidades y crímenes de guerra. Entonces, surgirá un hombre de la ciudad blanca, aún por descifrar cuál ciudad, que procurará la paz, pero que deberá tener mucho cuidado, ya que un sureño que adora el norte, traerá más conflictos cuando se una a sus hermanos negros que viven en la Unión Americana. Esto no es precisamente una rebelión de gente de color, sino que se puede referir a una especie de hermandad del mal. Esta rebelión librará, (después de llevar a cabo una lucha entre los bandos que inclusive permite ver la posibilidad de una invasión), a los países latinoamericanos del dominio de Estados Unidos. Se firmará un pacto de igualdad entre países americanos, pero no faltarán estadounidenses resentidos con ese pacto y querrán rebelarse, más no se atreverán. Con este acto termina el "Juicio de Nuremberg" y la maldición de la Segunda Guerra Mundial.

Al final del texto profético, viene una clara alusión a que, dentro de unos pocos años, una mujer será presidente de los Estados Unidos que tendrá mucha influencia sobre todo el continente y seguramente en el mundo.

Ya hemos visto graves acontecimientos en Europa y América, pero, que pasará en Africa, Juan XXIII lo dice: *El hombre de la túnica amarilla, de piel negra y cráneo rapado, hijo del Leopardo, sembrará el terror, arrastrando al viaje del exterminio a las multitudes del hambre. Esto sucederá allí donde Africa termina. Luego subirá la marea y no habrá en aquellas tierras más blancos que los renegados. Será levantado un ídolo siete veces más alto que el hombre de la túnica amarilla. El mundo atemorizado, le rendirá honores. Pero llegará de Oriente, en pleno día, el rayo, cuando el ídolo sea derribado y se dispersen los devoradores de corazones. Cuando se divida el islam y los hijos de Mahoma luchen contra los hijos más secretos de Fátima, los del Asia en llamas, reconocerán entre estos, con un nuevo rostro, al hombre de la túnica amarilla. Los hijos de Mahoma saldrán vencedores, el nombre de Fátima volverá a ser sagrado y la sangre del cruel regará el desierto. De la pequeña isla del Mediterráneo brotará el grito del nuevo caballero. Y las naves de las falsas banderas serán hundidas. Primer Día de Europa.*

Al igual que en América, los conflictos raciales empezarán al sur de Africa y se extenderán irremediablemente hacía el norte, provocado por un líder negro ataviado con túnica amarilla, quien se autoproclamará Hijo del Leopardo. No se descubrirá quién es el alto personaje que está a la sombra apoyando este movimiento, pero es aún más poderoso que el mismo hijo del Leopardo. Lamentablemente, el mundo lo homenajeará más por miedo que por amor a la paz, sin embargo, habrá una pronta reacción de Oriente y estallará otro conflicto bélico, debido posiblemente a la muerte o asesinato de este personaje de túnica amarilla. Cabe la posibilidad de que fallezca en el norte de Africa o tal vez en Europa, en el territorio de los Balcanes, regiones que desde el principio del siglo XX, han habido dolorosas matanzas de civiles, tanto como en la actualidad, por la desigual batalla armada de los países miembros de la OTAN, entiéndase Estados Unidos e Inglaterra, contra la ciudad de Kosovo en la ex-Yugoslavia, precisamente llamada ahora también, la guerra de los Balcanes. Según la interpretación de Pier Carpi de esta profecía de Juan XXIII, esta guerra debería ser puramente religiosa, ya que involucra a los hijos de Mahoma y a los de Fátima y aunque no sabe las causas de la disputa, ahora es posible precisarlas en principio, simple racismo, causado por el presidente de Kosovo, Slobodan Milosevic y la nefasta reacción de la OTAN, quienes supuestamente protegen a la población indefensa de los ataques de Milosevic, pero no hay quien los defienda de los mal intencionados ataques militares de la OTAN. La profecía precisa que Europa permanecerá pasiva, como ha sido hasta ahora y la guerra será entre grandes potencias, esto será totalmente cierto si interviene Rusia en favor del presidente de Kosovo o China en contra de los países aliados, entiéndanse Estado Unidos,

Francia, Italia e Inglaterra. Aún ahora, no sabemos en que parará este problema étnico.

Por otro lado, los asiáticos actuarán con un nuevo rostro incluido el hombre de la túnica amarilla, hasta que sean descubiertos como los provocadores de esta guerra y la victoria será para los hijos de Mahoma, los musulmanes ortodoxos.

Ahora bien, en la profecía se menciona a una pequeña isla del Mediterráneo, sin duda la isla de Malta, situada en el centro del Mar Mediterráneo y lugar estratégico desde el cual se puede llegar fácilmente a toda Europa y al continente Africano. Desde Malta se escuchará la voz de un gran caudillo y provocará que las flotas marinas que estén en ese mar de países extraños y enemigos, sean destruidas. Después de este conflicto racial, Europa se alzará como una verdadera Unión Europea, como ya ha empezado a serlo al unificar sus monedas en una sola, el Euro.

Juan XXIII dedica otras profecías a los posibles cambios mundiales que nos afectarán, de una u otra forma, a todos los habitantes del planeta, por ejemplo: *He aquí el libro maldito, escrito por quien se odiaba a sí mismo y odiaba a su raza. He aquí el libro de la mentira, del odio y de la podredumbre. Por culpa de sus palabras morirán muchos, sin comprenderlo ni saber quién fue su verdadero autor. Porque este murió mucho tiempo atrás y quien encontró el libro permanece escondido. He aquí el libro que invoca el odio y divide a los hombres. Cuánto daño causará, cuántos dolores y cuántas guerras traerá. Por este libro se fabricarán nuevas armas y muchos hombres se encerrarán en sí mismos. Esta es la verdad, se gritará por parques y plazas, esta es la única verdad. La tierra y sus amores se vendrán abajo. El libro triunfará durante setenta años en la cuarta parte del mundo. Forjará caudillos, esclavizará a los pueblos. Y los hombres sembrarán odio y miseria. El orgullo, el sueño del orgullo, el nuevo paraíso. El infierno en la tierra. Entre una y otra guerra, alguien hablará de amor. Más aunque sea derrotado, desenmascarado y puesto en evidencia como falso, el libro seguirá teniendo algunos seguidores, hasta el fin de los siglos.*

Este texto también coincide con algunas cuartetas de Nostradamus, ya que expresan la existencia de un libro maldito o tal vez del rescate de una antigua cultura bélica que logrará aglutinar a una cuarta parte de los habitantes del mundo. Esto nos lleva a pensar, principalmente, en las grandes religiones, islam, judía y cristiana, este libro o cultura puede ser piedra fundamental de sus creencias y provocará guerras ideológicas con armas que no se han utilizado hasta hora, presumiblemente más poderosas que las conocidas hasta hoy, serán 70 años de luchas interminables.

Hay algunos puntos que no quedan claros; sí esta humanidad vivirá hasta el 2035, forzosamente el libro, de quien no se sabe el autor, ya debe haber causado o debe estar causando esta larga guerra, sobre todo si consideramos el año en que fueron escritas las profecías, 1935, cuatro años antes del inicio de la Segunda guerra mundial, si le agregamos los 70 años de la profecía, nos conduce hasta el año 2005, sin embargo, no se alcanza a distinguir de qué libro maldito o cultura antigua se está hablando y de qué guerra en particular. Puede ser que desde la guerra de Vietnam, se han utilizado armas secretas bateriológicas derivadas del estudio de un libro negro en poder de los militares de los Estados Unidos y cada enfrentamiento es aprovechado para experimentar en humanos las reacciones que causan esas armas en los humanos, tal y como se llevó a cabo en la batalla contra Irak, en la cual se emplearon ese tipo de artefactos inclusive entre los propios soldados estadounidenses.

Afortunadamente, Juan XXIII también profetizó el resurgimiento de la palabra de Cristo y verdaderos encuentros cercanos del tercer tipo, por ejemplo: *Siete de Grecia hacía el mundo, después de la visión. Y palabras nuevas conquistarán la tierra. Repetidas por Cristo. Repetidas por sus nuevos hijos. Será un momento de renacimiento y de grandes cánticos. Los rollos serán hallados en las Azores y hablarán de antiguas civilizaciones que enseñarán a los hombres cosas antiguas que ellos ignoran. La muerte se alejará y el dolor será escaso. Por medio de los rollos, las cosas de la tierra hablarán a los hombres acerca de las cosas del cielo. Los signos, cada vez más numerosos. Las luces del cielo serán rojas, azules y verdes y veloces. Crecerán. Alguien viene de lejos. Quiero conocer a los hombres de la tierra. Ya ha habido encuentros. Pero quien vio realmente ha guardado silencio. Si una estrella se apaga, ya está muerta. Más la luz que se aproxima es alguien que está muerto y regresa. La respuesta, al descubierto en los papeles ocultos en el subterráneo metálico de Wherner. El tiempo no es lo que conocemos. Tenemos hermanos vivos y hermanos muertos. Nosotros somos no-*

sotros mismos. El tiempo nos confunde. Bienvenido, Arthur, muchacho del pasado. Tú serás la prueba. Y te entrevistarás con el Padre de la Madre.

Esta es una de las profecías de Angelo Roncalli más clara, veamos por qué. Anuncia la aparición en el mundo de siete grandes personajes nacidos o educados en Grecia que transmitirán las verdaderas palabras de Cristo o harán alguna revelación que conducirá a un nuevo despertar del cristianismo. Por otro lado, habrá un gran acontecimiento por unos rollos o documentos encontrados en una de las nueve islas que integran las Azores, (un archipiélago situado en el océano Atlántico a 1,400 kilómetros al oeste de Portugal, país al que pertenecen). La descripción es tan directa que no se puede confundir con los famosos Rollos del Mar Muerto encontrados en las cuevas de Qumran, Israel en 1947. Los rollos descritos por Juan XXIII divulgarán experiencias de antiguas civilizaciones, lo que permitirá a la humanidad obtener madurez y cultura, principalmente en el terreno de la medicina, ya que con esos conocimientos se alejará a la muerte, es decir, habrán curaciones para muchas enfermedades mortales, tal vez contra el cáncer y el SIDA entre otras, por lo que casi no habrá dolor para las personas.

Parece probable que tengamos encuentros cercanos del tercer tipo con extraterrestres, habrá abundancia de avistamientos de platillos voladores, pero debemos cuidarnos de quienes dicen ser contactados, ya que quienes lo han sido realmente, han guardado silencio hasta ahora. Se descubrirán también otros documentos en el laboratorio metálico de Wherner, seguramente el nombre del laboratorio o el apellido del científico quien los resguarda. Al decir que nosotros somos nosotros mismos y que el tiempo nos confunde. Seguramente Juan XXIII se refiere a que los posibles extraterrestres somos nosotros mismos en el futuro, pero será una persona del pasado llamada Arthur, quien confirmará a la humanidad los nuevos descubrimientos científicos, sociales y religiosos, aquí cabe la posibilidad de que sea una persona del futuro quien regresa al pasado, a nuestro presente, para darnos las buenas nuevas. Este personaje será tan importante que se entrevistará con el Papa en el Vaticano.

Hasta aquí estas profecías de Angelo Roncalli, Juan XXIII. Al igual que con Michel de Notre Dame, Nostradamus, falta definir el tiempo en que se llevarán a cabo estos pronósticos, por mientras, como escribió Juan XXIII "El tiempo nos confunde".

profecías de los mayas

Por Carlos A. Guzmán Rojas

Una de las civilizaciones más importantes de México ha sido sin duda la de Los Mayas, que resplandeció por sus construcciones y sus conocimientos astronómicos. Los conocimientos de los mayas guardan aún muchos misterios, desde sus orígenes hasta su declinación como una gran cultura. Las explicaciones de la ciencia oficial al respecto no son del todo satisfactorias.

En esta parte del trabajo, nos abocaremos a presentar, en forma resumida, las hipótesis e ideas de los investigadores Adrian G. Gilbert y Maurice M. Cotterell, expuestas en su libro *Las profecías Mayas*. En este libro los autores desarrollaron una teoría basada en la astrología solar, considerando que las manchas solares han estado en relación directa con muchos de los acontecimientos de la humanidad.

Desde el siglo pasado, la astronomía tiene por aceptado que las manchas solares son fenómenos repetitivos, llegando a determinar que estas manchas aparecen en ciclos de 11.1 años.

Las causas de estas manchas están provocadas por los movimientos internos del propio sol. Para una mejor explicación recurrimos al libro *La astronomía conquista el universo* de Joachim Herrmann, quien comenta: *Las manchas grandes que se encuentran al Este y al Oeste de un grupo muestran polaridad magnética opuesta. En el hemisferio sur del sol ocurre lo mismo que en el hemisferio norte, pero en cierto modo a la inversa. Las manchas occidentales del hemisferio norte tenían polaridad magnética sur, y las también occidentales pero del hemisferio sur polaridad magnética norte. Pero pronto se vio que los campos magnéticos de las manchas solares cambian de polaridad cada 11 años.*

Cotterell y Gilbert agregan a su teoría *...El ecuador del sol gira más rápido que sus polos, sus líneas de flujo magnético se enrollan en rizos...* Cotterell afirma que esas manchas son como consecuencia *del efecto de causar áreas pequeñas de magnetismo intenso debajo de la superficie solar...* por lo tanto esos *...rizos magnéticos a la larga salen a la superficie y por tanto producen las manchas solares...".*

DIFERENCIAS ASTROLÓGICAS VS. MANCHAS SOLARES

Cotterell llega a la conclusión de que las variaciones del sol son la causa de que, en los seres humanos existan variaciones de personalidad.

EL VIENTO SOLAR

Como resultado de este fenómeno el sol irradia energía, ondas electromagnéticas, de radio, rayos infrarrojos, luz (visible), rayos ultravioletas, rayos X y por supuesto, el viento solar, éste es significativo cuando llega a la Tierra, ya que golpea la magnetósfera de la Tierra, siendo responsable a su vez de otros fenómenos, como cuando choca el viento solar, algunas partículas quedan atrapadas en los cinturones de Van Allen y otras son lanzadas hacia los polos por el propio campo magnético del planeta. Como resultado de esta actividad, tenemos las famosas iluminaciones que se conocen con el nombre de aurora boreal.

En algunas ocasiones los fuertes vientos solares han afectado a las ondas de radio, impidiendo su transmisión o propagación.

ASTROGENÉTICA

Con todo lo anterior Cotterell desarrolla su teoría que vincula la astrología con el comportamiento solar.

En concreto, relaciona tres variables cambiantes: el campo solar del sol (37 días), su campo ecuatorial (26 días) y la velocidad orbital de la Tierra alrededor del sol (365.25 días).

Auxiliándose con programas computacionales encontró que existe una combinación magnética de Sol-Tierra cada 87.4545 días.

Seguramente usted, estimado lector, ya se habrá preguntado ¿qué tiene que ver todo esto con Las Profecías Mayas?

LAS MANCHAS SOLARES
Y LOS MAYAS

Los cálculos mencionados los imprimió Cotterell en largos reportes de computadora, sus conclusiones determinaron los siguientes hallazgos:

a) Los 87,4545 días, (los electrocardiogramas del Sol-Tierra), equivalen a un bit o periodo en que les toma a los dos campos magnéticos del sol regresar a sus posiciones iniciales.

b) 8 bits = 699.64 días (1 microciclo)

c) 48 bits = 4,197.81 días = 11.49299 años

d) 781 bits = 68,302 días o 187 años (1 ciclo de manchas solares);

e) 97 x 68,302 días = 18,139 años

Este periodo de 187 años multiplicado por las subdivisiones de los anteriores cálculos, arroja la cifra de 1'366,040 días.

Aquí otro hallazgo impresionante, esta cifra coincide en forma aproximada con los 1'366,560 días registrado en el Códice Dresde. Los mismos autores creen que esto "parecía demasiado similar para ser una coincidencia". Sin embargo estos datos de cifras en días indican que hay una división en el tiempo, donde se relacionan los periodos de mayor inversión en la polaridad del sol y la concepción maya de las eras anteriores. Ambos datos relacionan a cuatro Eras anteriores a la nuestra. En este punto, es necesario citar que una de estas famosas Eras está relatada en el libro sagrado de Los Mayas "El Popol Vuh", donde una de ellas coincide perfectamente con el diluvio universal relatado en la Biblia.

Cotterell descubre también otra referencia curiosa, ya que otro número similar, 1'359,540 corresponde a la fecha de inauguración del templo de la Cruz de Palenque.

EL SOL Y SUS INFLUENCIAS

A través de su investigación, Cotterell llega a la conclusión de que tanto los mayas como los aztecas creían que el tiempo actual fue precedido por cuatro eras. En la finalización de cada una de ellas ocurrió una catástrofe en donde la vida prácticamente fue destruida. Para corroborar esta mitología, el estudioso busca los movimientos realizados por el sol en el pasado remoto.

CRONOLOGÍA DE LAS ERAS

Cotterell encontró y relacionó varias dataciones para relacionar sus hallazgos. utilizando las técnicas de Carbono 14 y 12, más la observación de los árboles en su proceso de cubrimiento con las capas frescas de su corteza cada año. En otras palabras, si un árbol se corta es posible *...Averiguar su edad contando el número de anillos de crecimiento en su tronco. Los anillos individuales pueden decirle mucho a los científicos acerca del clima en la época en que el árbol estaba creciendo, pero de mayor importancia el que conserva el registro paleontológico del C14, en la atmósfera en la época en que se formo el anillo.*

A través de este método los científicos han llegado a encontrar fechas que datan de hasta hace 9,000 años.

Lo anterior está relacionado con la radiación solar que es el factor más importante en los cambios climáticos, por lo tanto, Cotterell fue capaz de encontrar ¡una relación lógica de los niveles de radiocarbono con la actividad solar, el clima europeo y el avance y retroceso de los glaciares!

MANCHAS SOLARES
Y LAS ERAS PASADAS

¿Cómo se relaciona todo esto? Las explicaciones que presentan Cotterell en su obra referida concluye:

Cuando el sol esta muy activo produce grandes manchas solares, por consecuencia este fenómeno provoca enormes volúmenes de partículas solares emitidas hacia el espacio.

Debido a lo anterior cuando estas partículas llegan a la Tierra hay un engrosamiento de los cinturones de Van Allen, este engrosamiento protege a la atmósfera inferior y produce menos C14.

En forma opuesta cuando no hay actividad solar, hay pocas manchas solares por lo tanto hay menos iones entre la atmósfera y el sol.

Lo anterior provoca que más nitrógeno sea convertido en C14.

En esta forma hay ...una correlàción inversa entre los niveles de C14 en la atmósfera y la actividad de las manchas solares.

Al realizar estudios de las cortezas de los árboles se encontró que este comportamiento varió cuando las manchas solares variaban, según sea el caso.

EL DESCUBRIMIENTO SORPRENDENTE

Cotterrel encontró que existe una relación entre la cantidad de manchas solares, la temperatura del planeta, los inviernos y sobre todo las glaciaciones en contra del surgimiento y/o caída de las civilizaciones.

PRIMERA GRAN CONCLUSIÓN

Cuando existieron fuertes actividades de manchas solares, se correlacionó en el tiempo en ...*forma exacta con el crecimiento de civilizaciones poderosas y complejas...*, por el contrario en periodos de actividades bajas de estas manchas. las épocas de la humanidad son sombríos y/o coinciden con la caída de grandes civilizaciones.

MANCHAS SOLARES Y LA DECLINACIÓN DE LOS MAYAS

De estos cálculos sorprendentes, Cotterell encontró que el calendario maya indica el año 627 d.C. el cual coincide con el ...*exacto cambio magnético solar y periodo de actividad baja de las manchas solares...* donde el autor indica la declinación de los Mayas.

Por otra parte, encontró que un cambio de polaridad magnética sucedió alrededor del año 3114 a.C., fecha en que se registra como la inicial para el calendario Maya, de tal manera que concluyó que el campo magnético modificado en esa época dio un descenso en los índices de fertilidad y la declinación de los mayas.

Cuando ocurre una variación magnética en la Tierra *...penetra radiación solar más dañina a la atmósfera, causando mutaciones genéticas y un aumento de la mortalidad infantil.*

Sin embargo, a nivel mundial esto no sucedió, por lo que habría que buscar otros factores para explicar la declinación de la civilización Maya.

En ese periodo se registraron grandes sequías como consecuencia de la inversión magnética solar que afectó a la Tierra, como consecuencia de una mayor penetración de rayos cósmicos. Ese incremento se dio sobre todo en las regiones ecuatoriales entre los 10 y 20 grados Norte y Sur, debido a la incidencia perpendicular de los rayos solares en esas regiones, en ese tiempo.

Entonces los Mayas pudieron haberse dirigido hacia regiones con más agua, esto es, hacia al Sur o al Norte (Yucatán) donde existían corrientes subterráneas. Por lo tanto, en esa época Palenque debió estar rodeada de tierras áridas.

EL FIN DE LOS TIEMPOS ANUNCIADO POR LOS MAYAS

En los últimos años, México no ha recibido las lluvias necesarias para sus ciclos agrícolas por lo que su suelo se ha vuelto demasiado árido y puede coincidir con el calendario Maya al respecto de la fecha del fin de nuestra era, el 22 de diciembre del 2012.

Con esta fecha señala la profecía Maya el fin de la quinta era y está determinada en términos astronómicos, ya que se refiere a una inversión del campo magnético de la Tierra, así como al cataclismo provocado por este cambio.

LA TORMENTA SOLAR
DEL AÑO 2000

Una nota firmada por la agencia de noticias mexicana Notimex, aparecida recientemente señala: "Una tormenta solar, un fenómeno cíclico natural que causa perturbaciones electromagnéticas y afecta las redes de comunicación, ocurrirá al llegar el año 2000, por lo cual son necesarios planes de contingencia, alertaron aquí especialistas. El fenómeno surgirá entre enero y febrero del año próximo, al cumplirse 11 años de un ciclo solar...".

"...La zona central de México es un región sensible al fenómeno, porque la tormenta solar afecta con mayor fuerza en las altas latitudes...".

"...Estas explosiones (solares) pueden originar tormentas geomagnéticas que alterarían por unos días el campo magnético de nuestro planeta y afectarían la órbita y el funcionamiento de algunos satélites, de los cuales dependen numerosas redes de telecomunicación".

EL PRÓXIMO CICLO SOLAR

Como se ha apuntado anteriormente, a principios del año 2000 habrá una tormenta solar, si descontamos este año e iniciamos un nuevo ciclo a partir del año 2001, el siguiente periodo solar será 2001+11= **2012**. Por último, usted recuerda ¿qué sucedió en el año 1989?, fecha en que aconteció otro periodo solar...

quetzalcóatl

Por Francisco Domínguez

De manera breve comentaré sobre ese gran personaje misterioso que es QUETZALCÓATL y sus casi desconocidas profecías.

Quetzalcóatl es un ser que confunde, empezando por querer saber ¿de dónde llegó?, los Mayas le llamaban Kukulcán, en español "Serpiente Emplumada", los aztecas Ce-Atctl-Topiltzin- Quetzalcóatl, del mismo significado y también "Serpiente de Plumas Preciosas".

En tiempos de la colonia hubieron algunos que decían que aquel personaje de barba roja entrecana, de frente ancha, piel blanca, ojos grandes y azules y de una estatura descomunal, había llegado por mar, en un barco que venía de algún país del Este; entre los que opinaban esto se encontraban algunos frailes, posiblemente por conveniencia ya que en su opinión, Quetzalcóatl no era mas que Santo Tomás que había llegado al continente americano para evangelizar y hacer cristianos a los no creyentes.

La tradición dice que el dios azteca y maya vestía de una manera muy particular, **con una túnica blanca,** curiosamente adornada a la altura de su pecho, a manera de pectoral, **con una cruz de un rojo fuerte,** De allí la opinión de los frailes de que fuera Santo Tomás o algún otro santo evangelizador. En aquella época el llevar esa cruz al pecho, fue una costumbre de los Templarios. En el siglo XVI el alquimista y nigromante sevillano, Ruiz Ptolomeo insistía que Quetzalcóatl fue un templario que huyó de Europa por la persecución que sufrieron estos por parte del Rey de Francia, Felipe el Hermoso en el siglo XIV y por esta razón llegó hasta a América.

Otros dicen que tan sólo fue un vikingo o danés que llegó a América, entre los siglos X y XII de nuestra era. Lo curioso de este dios es que siempre llegó a todos los lugares por mar, pero nadie supo en realidad de dónde venía.

Un dato por demás curioso es que cuando los españoles llegan a tierras Mayas, en el año de 1517, se llevan la sorpresa de que los nativos ya conocían la cruz, tenían ritos semejantes al bautismo, a la confesión y a la comunión y también, los nativos hablaban del diluvio universal, de la Virgen, de las Tres Personas Celestiales. Lógicamente, esto creó una confusión dentro del clero de aquella época; en ese momento es cuando escuchan sobre ese personaje misterioso llamado Kukulcán, el mismo Quetzalcóatl de los aztecas. Este mismo personaje es descrito con diferentes nombres, en varias partes de América, ya sea hacia el sur o hacia el norte. Cabe la posibilidad de que Quetzalcóatl fuera en realidad europeo, que se adelanto con bastante tiempo a los colonizadores españoles.

Sus enseñanzas siempre fueron en beneficio de los nativos y sus comunidades, luchó por suprimir los sacrificios humanos, les enseñó la austeridad, el misticismo y les inculcó constantemente los deberes religiosos, pero tan luego como se fue, regresaron las etnias a sus antiguos ritos. Su mensaje de poco sirvió.

En el códice de los mexicas "Telleriano-Remensis" del año 1509, se habla poco y de una forma confusa de este Noble Príncipe. Ahí se comenta de un ingenioso objeto que volaba casi todos los días por la noche, de como se ve cuando sale desde el horizonte y sube hasta los cielos, lo describen como un cuerpo piramidal y con llamas; lógicamente los nativos quedaban sorprendidos, se diría que hasta asustados por ese evento. También se explica que el rey de Texcoco quedó tan sorprendido por esa "nave", que decidió terminar con las guerras.

Cuando él se va del país, lo hace por la costa de Veracruz, concretamente por Coatzacoalcos y en su honor, sucede algo sorprendente, **dicen que ardió en llama solar, en homenaje al planeta Venus** (¿en realidad en qué se fue?).

Por la narración anterior, se puede pensar que es la razón por la cual algunos estudiosos del Fenómeno Ovni, opinen que Quetzalcóatl fue un ser extraterrestre que vino del planeta Venus; **veámoslo como una opinión más.**

Lo que sí es verdad, que tanto sus rasgos físicos como su altura, no son semejantes a la fisonomía de las personas naturales de México.

ASPECTO PROFÉTICO

La interpretación que hace Tomás Doreste de las distancias existentes en las pirámides de Teotihuacan, bajo un sistema de aplicación muy particular, dará como resultado fechas proféticas de los hombres sabios del pasado.

Para los sacerdotes de aquella época, su gran calendario Profético lo constituyeron las tres grandes pirámides de Teotihuacan, la de la Luna que es la del inicio, la del Sol, que es la parte media y la de Quetzalcóatl que es la última. La gran columna vertebral del calendario es la calzada de Los Muertos, ella es la que marca el principio, el transcurrir y el final de Los Tiempos.

Tomando en consideración lo anterior, la Calzada de Los Muertos da como año crucial, y difícil para la humanidad, **el año 2000 a.C.** curiosamente la calzada tiene un largo de **2,000 metros.** Cuando inicia el éxodo de los emigrantes de Cuicuilco, ellos son los que llegan para dar comienzo a la construcción de las Pirámides de Teotihuacan, aproximadamente por el año 350 a.C. Observe que las fechas proféticas que dan este conjunto de pirámides, se refiere a hechos locales o nacionales. Una de ellas se refiere al año 684 d.C. que marca el inicio de la decadencia de la ciudad sagrada, con la posibilidad de que se refiera a Teotihuacan.

La siguiente fecha es el año 810 d.C., en el que fue incendiado y devastado Teotihuacan, por un sinnúmero de invasiones y para el 853 d.C. es la fecha de cuando los Toltecas fundaron su capital, Tollan. Al final del primer milenio no hay nada registrado de importancia en las pirámides y la historia lo confirma al no comentar nada en especial en esos días.

Destaca en forma notable que las profecías mencionen el año 1492, como la terminación de una era para el continente americano y el inicio inmediato de otra. Y es cierto, ese año da comienzo la conquista de tierras americanas por parte de extranjeros venidos de otros continentes.

Otra fecha que sobresale es el año 1776, cuando por primera vez un pueblo de América (Estados Unidos) deja de ser colonia, para lograr su independencia. Ellos marcan ese año y hasta el 2000, como una época muy difícil.

En lo referente a nuestro país, las fechas que marcan las pirámides son el año 1810, cuando da inicio la Guerra por la Independencia de México, al igual que 1910, cuando empieza la revolución en contra del dictador Porfirio Díaz, De 1925 también hablan estas profecías, año en que en el mandatario Plutarco Elías Calles, provoca la ruptura de relaciones entre el Estado y la iglesia católica. Posteriormente, se refieren al año 1934, cuando Lázaro Cárdenas es nombrado presidente de México, fue una época en la cual el país sufrió una reestructuración muy importante.

Ahora vayamos al año de las incógnitas, el año del temor, o puede ser el del GRAN CAMBIO PARA LA HUMANIDAD, el puente HACIA UNA NUEVA ERA, llena de AMOR Y PAZ PARA TODO EL MUNDO. **Ese es el año 2000 d.C.**

A ESTE RESPECTO, EL ÚNICO QUE PUEDE DECIRNOS LA VERDAD ES EL TIEMPO, NO SABEMOS SI YA ESTAMOS EN EL CAMBIO TOTAL O ESTÁ POR LLEGAR.

apariciones de la virgen y el fin de los tiempos

Por Carlos A. Guzmán Rojas

Uno de los fenómenos que no puede faltar en esta temática profética, es el fenómeno mariano, este hecho se acentúa básicamente en el siglo XX, cuando las apariciones de la Virgen se tornan más frecuentes y en muchos de los casos tienen grandes similitudes, como son:

a) Apariciones fuera de las ciudades y/o de las concentraciones urbanas.

b) Los testigos en su mayoría han sido jóvenes o niños.

c) La cantidad de testigos varía desde una hasta 6 personas.

d) Curaciones y milagros que se producen durante y después a estos sucesos.

e) Conversiones de los ateos a creer en lo sobrenatural y religioso, pero sobre todo...

f) ...Los mensajes que dan a los testigos, visionarios o videntes celestiales, como resultado de estas apariciones. Este último punto es el que desarrollaremos en el presente capítulo.

HISTORIA DE
LAS APARICIONES

Por lo breve de este estudio no trataremos todas las apariciones del fenómeno Mariano ya que sería imposible de resumir, nos enfocaremos a presentar aquellas apariciones en donde se han registrado mensajes y desde luego, tratando los más importantes. Recordemos que muchas de estas apariciones no están "avaladas" o apoyadas por la Iglesia misma.

El 19 de septiembre de 1846 en La Salette, cerca de la ciudad de Grenoble, en Francia, la Virgen se aparece a dos pastores, Melania Calvat, de catorce años y Maximino Giraud. En su relato, los pastores dijeron que primero vieron un globo luminoso(¡!) que descendía lentamente hacia ellos, en su proximidad el globo se abrió (¡!) y de su interior apareció la Virgen, llorando.

LAS PROFECÍAS DE
LA SALETTE

Las revelaciones de la Virgen a los pastorcillos se hicieron públicas después de 12 años, esto fue en 1858. Las profecías incluyen una serie de hechos que ya sucedieron y otros que están por cumplirse. Solamente señalaremos que entre estas profecías ya cumplidas están los "castigos que Italia sufrió como consecuencia de sus ambiciones y guerras sostenidas", las interpretaciones a esta profecía pueden ser múltiples pero se dan como verídicas.

En este mismo mensaje la Virgen señaló: *Los libros malos abundarán en la Tierra y los espíritus de las tinieblas se extenderán por todas partes. Los gobernantes tendrán un mismo plan, ellos desaparecerán todo principio religioso, para dar lugar al materialismo, al ateísmo, al espíritismo y a toda clase de vicios. El demonio provocará que los placeres carnales se extiendan por toda la Tierra. Francia, Italia, España e Inglaterra estarán en guerra.*

Es curioso observar en esta serie de profecías la siguiente: *Un precursor del anticristo, con sus tropas de muchas naciones, combatirá contra el verdadero Cristo, el único salvador del mundo.*

Los mensajes de la Virgen de La Sallette hablan de un "precursor" del anticristo más no del mismo anticristo. En ese mismo mensaje establece que: *La Tierra será castigada con todo género de plagas; habrá guerras, hasta la última que harán los diez reyes del anticristo, los cuales tendrán todos un mismo plan y serán los únicos que gobernarán al mundo.*

Más adelante dice: *Se cambiarán las estaciones. La Tierra no producirá más que malos frutos. Los astros perderán sus movimientos regulares. La luna no reflejará más que una débil luz rojiza. El agua y el fuego causarán en el globo terrestre movimientos convulsivos y horribles terremotos que tragarán montañas, ciudades, etcétera.* ¿Podemos interpretar que lo profetizado en 1846 ya ocurrió o está cumpliéndose?. Guerras, la humanidad las ha tenido y muy cruentas (I y II Guerras Mundiales), las notas periodísticas informan "El mundo sin alimento... La producción agrícola del planeta está a la baja. Las estimaciones indican que las reservas globales de granos han disminuido a niveles nunca antes registrados en la historia reciente". Terremotos en todas partes se han registrado con grandes pérdidas de vidas humanas y materiales (México 1985) y los incendios forestales han consumido enormes reservas forestales que difícilmente se volverán a tener.

Al final el mensaje pronostica que: *Todo será renovado: Dios será servido y glorificado.* ¿Quiere decir que el mundo, la humanidad, sufrirá pero que después el bien doblegará al mal y surgirá una nueva etapa? Imposible saberlo aún.

LA VIRGEN DE FÁTIMA EN PORTUGAL

El 13 de mayo de 1917, la Virgen se les aparece a tres pastorcitos, sería la primera de varias ocasiones en que hablarían con la Virgen. Posteriormente, dos de ellos mueren y Lucía Dos Santos, la sobreviviente, toma los hábitos religiosos por petición de la misma Virgen y vive el resto de su vida en un convento.

LAS APARICIONES

La primera de ellas ocurre en la fecha señalada. Siendo un domingo por la mañana, los tres partorcillos cuidaban su rebaño, en medio de un cielo azul y despejado, de repente "un repentino y extraño fulgor cruzó el firmamento". Después un nuevo deslumbramiento los asustó y observaron en un matorral una figura juvenil, suspendida en el aire. La Virgen les dijo: *No tengáis miedo, no quiero haceros daño*. En su rostro los chiquillos vieron tristeza.

En este primer encuentro Lucía pregunta ¿de dónde viene?, ¿de algún país? y la Virgen le contesta que no, ella volvió a cuestionar que si procedía del cielo, a lo cuál la Virgen contestó que Sí y les pide que regresen el día 13 de cada mes. *Hasta octubre próximo*. Al despedirse la Virgen abrió sus manos y una luz se esparció sobre los pastores, elevándose sin mover los pies, hasta desaparecer en el cielo.

Las apariciones continuaron para los elegidos, la multitud jamás vio a la virgen en los posteriores meses de ese día 13, sin embargo, fue testigo de fenómenos como nubes resplandecientes, truenos que se veían y escuchaban con un cielo completamente despejado de nubes, danzas de un sol alrededor de ellos, etc.

LOS MENSAJES
DE FÁTIMA

Mucho se ha especulado de los famosos tres mensajes que la Virgen dio a los pastorcillos, en los que predice a

Lucía que Francisco y Jacinta morirían pronto y sólo ella viviría muchos años.

Dentro de los dos primeros mensajes está la finalización de la Primera Guerra Mundial y el inicio de la Segunda. La tercera parte del secreto de la Virgen de Fátima fue redactado por Lucía y encerrado en un sobre, que hasta 1960 debía ser remitido a Roma. Se especula que el Papa Juan XXVIII, entregó parte de ese tercer secreto a los presidentes de Estados Unidos, la ExUnión Soviética e Inglaterra.

Según algunos autores del fenómeno Mariano, entre ellos Luis E. López Padilla, en su libro *"Advertencias Marianas a la Humanidad"*, afirma que a consecuencia de este suceso, se desarrolló el acuerdo de prohibición de armas nucleares, firmado en Moscú el 6 de agosto de 1963, y al que se le han adherido 90 países. En el año de 1980, la Iglesia confirma el comunicado del Papa Juan XXVIII.

Juan Pablo II afirmó también en alguna ocasión que: "Es de gravedad el contenido del tercer secreto de Fátima" y agregó: "Por otra parte, baste decirles a todos los cristianos que Sí existe un mensaje en el que está escrito que los océanos inundarán partes enteras de la Tierra, que de un momento a otro millones de hombres perecerán", por lo tanto no es el caso de llevar a cabo sensacionalismos catastróficos.

EL TERCER SECRETO

Han existido varias versiones de ese tercer secreto, sin embargo la generalidad coincide en que estas corresponden a las "anunciadas en las Escrituras y que son confirmadas por otras apariciones marianas"

Para usted, amable lector, transcribimos en forma resumida este tercer secreto:

- *Los hombres deben de cambiar e implorar el perdón de los pecados que han cometido.*

- *Sobre toda la humanidad vendrá un gran testigo, mas no ahora ni mañana, si en la segunda mitad del siglo XX.*

- *Satanás seducirá a los grandes sabios que inventarán armas con las cuales podrán aniquilar a la mitad de la humanidad en pocos minutos.*

- *Su castigo será mucho mayor que cuando lo hizo por medio del Diluvio.*

- *Perecerán débiles y pequeños, buenos y malvados, príncipes y fieles.*

- *Fuego y humo caerá del Cielo y las aguas de los océanos se transformarán en vapor, lanzando sus espumas hasta el cielo.*

- *El tiempo de los tiempos llega y el fin de los fines, pero los que sobrevivan a todo invocarán de nuevo a Dios.*

Los estudiosos de estos secretos, coinciden en que habrá un triunfo de la iglesia católica posterior a una purificación necesaria en la humanidad por los pecados cometidos.

OTRAS APARICIONES

Mensaje de la Virgen, 1937, 1 de noviembre. En Heende, un pueblo alemán de las Riveras del Ems, cercano a la frontera con Holanda, están los videntes Ana Sulta, Greta y María Gansenforth y Susana Bruns. En este mensaje, la Virgen hace alusión a que unos terribles males azotarán a la humanidad. Y que sólo unos cuantos entenderán su mensaje.

1941, 25 de marzo. Testigo de la aparición Felisa Sistiaga de Arrieta (33 años), ocurrida en las cercanías del pueblo de Lauquiniz, en lo alto de Umbe, en Vizcaya, Bilbao, España.

Esta cuarta aparición del siglo XX coincide básicamente en los mismos puntos con las anteriores, es decir, que los hombres no entienden que se debe caminar por el camino de la rectitud.

De las apariciones marianas así como sus mensajes que empezaron el 23 de mayo de 1969 y continuaron por 10 años (el último fue el 1 de septiembre de 1979), llama la atención lo dicho por la Virgen el 14 de julio de 1970: *"DENTRO DE 30 AÑOS, a principios de siglo, se formará una niebla intensa que no os permitirá veros unos a otros. Ninguna luz os servirá para entonces y durará todo el tiempo que haga falta. Los justos y los dignos no sufrirán..."*.

...*"Daré un aviso, haré un milagro, lo verán todos, pero la humanidad (salvo una pequeña minoría) seguirá sin creer"*.

El 22 de junio de 1971, continúan las profecías: ...*Se iluminará el Cielo con una gran cruz que al disolverse producirá una inmensa luz blanca, de tal fuerza que incluso impedirá ver el Sol...*

...A continuación un viento ardiente azotará toda la Tierra. Hasta antes de éste suceso, cambiarán dos Papas más. El siguiente a éste será bueno, pero morirá pronto... Hay que recordar que esta profecía se escribió en 1971 y se cumplió posteriormente con la muerte de Juan Pablo I (¡!).

LOS MENSAJES CONTINÚAN

Para no cansar al lector con una larga e interminable lista, nos permitimos señalar únicamente las últimas apariciones:

La Virgen de Kerizinen, conocida como Nuestra señora del Rosario (Bretaña Francesa). Su fecha de aparición fue el 15 de septiembre de 1938, a la vidente Juana Luisa Ramonet de 28 años. Los mensajes recibidos contienen la misma temática de advertencias hacia la humanidad.

Garabandal 2 de julio de 1961, las apariciones en este sitio fueron muchísimas, terminando el 13 de noviembre de 1965. Videntes, 4 niños entre los 11 y 12 años.

En este caso, los testigos registran levitaciones, éxtasis, caídas extáticas, etcétera. Nuevamente la virgen insiste en que si *Los hombres no cambian vendrá su castigo.* Conchita, una de las videntes de esta Virgen al conocer la muerte del Papa Juan XXIII, ocurrida en julio de 1963, señaló: "Ahora ya no quedan más que tres Papas".

Apariciones en El Escorial, en España. La primera fecha fue el 18 de junio de 1981. Los mensajes de esta Virgen están también relacionados con "Los últimos tiempos" ya que *el juicio de las Naciones está muy cerca. Dios Padre va a enviar dos castigos muy grandes. Uno en forma de guerras, revoluciones. El otro castigo del Cielo...*

...vendrá sobre la Tierra una oscuridad que durará tres días. El castigo destruirá dos terceras partes de la humanidad.

Valparaíso, Chile, 12 de junio de 1983. Aparece la Virgen Blanca de la Paz. Esta es una de las apariciones no autentificadas por el Vaticano, ya que únicamente La Salette y Fátima, han sido reconocidas por la Iglesia.

¿MEDUGORJE, LA ÚLTIMA APARICIÓN DEL FIN DE LOS TIEMPOS?

Una de las últimas apariciones han sido las de Medugorje, enmarcadas en la República de Herzegovina en Yugoslavia. Ocurre el 24 de junio de 1981 a un grupo de seis adolescentes y los mensajes son de paz, fe, conversión, ayuno y penitencia.

En nuestra opinión tenemos fe en sobrevivir estos acontecimientos y el único que puede cumplirlos, posponerlos o cambiarlos es el Ser Supremo y que no habrá profecía que sea verdadera hasta que no se cumpla.

Juan de Jerusalén

Por Francisco Domínguez

Dentro del mundo de la adivinación existe un profeta casi desconocido, él es un personaje lleno de cualidades poco comunes, fue monje de la Orden Benedictina, guerrero, santo y como tal, una persona muy prudente, por lo que nos ofrece una ventaja, mayor credibilidad en sus profecías.

Dicho monje Benedictino nació hace mil años cerca de la región de Vézelay, de su infancia poco o nada se sabe, lo mismo de su estrato social y físicamente se ignora como era. A él se le conoce gracias a sus profecías. La fecha de su nacimiento se calcula por el año 1042 y su muerte probablemente por los años 1119 ó 1120.

Se tiene conocimiento de que Juan fue uno de los fundadores de la Orden de Los Templarios, una agrupación con mucho poder que participó en las cruzadas para reconquistar tierras santas para los católicos del siglo XIV.

Por siglos, a las profecías de Juan de Jerusalén solo tenían acceso los iniciados quienes las heredaron a las siguientes generaciones. En principio se conocieron como *"Libro de las Profecías"* y ya entrado el siglo XIV, se les dio el nombre de, *"El Protocolo Secreto de las Profecías"*.

Juan de Jerusalén es un profeta Milenarista, ya que al empezar cada una de sus Profecías lo hace remarcando: **Cuando llegue el año mil que sigue al año mil.**

Al igual que otros profetas considerados verdaderos, Juan habla del tiempo por venir y por estar tan apegado a su religión, es un individuo sensible al tipo de mensajes Divinos, ademas de que su vida la dedican al saber, al conocimiento por encima de todo, que por razón lógica, lo que expresen tendrá mucho valor.

Se sabe que Juan se retiraba al desierto para entrar en éxtasis de comunicación con el Ser Supremo y recibir sus mensajes Divinos. La forma en que los recibía y registraba era escribiendo lo que le dictaba aquella voz.

Juan de Jerusalén fue un monje abierto a otras creencias, llevó relación con rabinos judíos, sabios musulmanes y de esa forma nutrió su conocimiento. El nombre por el que se le conoce hasta nuestros días puede deberse a que vivió en esa tierra santa, precisamente en Jerusalén. Lo poco que se sabe de éste profeta es gracias a la orden Benedictina a la que perteneció.

Juan comienza sus profecías con un preámbulo que dice: *Veo y Conozco. Mil años habrán pasado y el hombre habrá conquistado el fondo de los mares y de los cielos, será como una estrella en el firmamento.*

Habrá adquirido el poder del sol y se creerá Dios, construyendo sobre la inmensidad de la tierra mil torres de Babel.

Habrá edificado muros sobre las ruinas de los que levantaron los emperadores de Roma y éstos separarán una vez más las legiones de las tribus bárbaras.

Más allá de los grandes bosques habrá un imperio.

Cuando caigan los muros, el imperio no será más que aguas cenegosas.

La gente se mezclará una vez más.

Entonces empezará el año mil que sigue al año mil.

Veo y conozco lo que será.

Soy el escriba.

Cuando empiece el año mil que sigue al año mil, el hombre estará frente a la entrada sombría de un laberinto oscuro.

Y al fondo de esa noche en la que va a internarse, veo los ojos rojos del Minotauro.

Guárdate de su furor cruel, tú que vivirás en el año mil que sigue al año mil.

En el primer párrafo posiblemente se refiere a que, debido a los adelantos de la ciencia, el hombre ha conquistado los mares, ha llegado a otros planetas y las torres de Babel, son una clara alusión a las grandes construcciones o rascacielos que el hombre ha hecho sobre la superficie de la tierra.

Cuando el profeta se refiere a los síntomas de la época que marca el final y comienzo de cada Milenio, inevitablemente nos conduce a una pregunta; ¿el paso de 1999 al año 2000 será ese desastroso año?

Eso es sólo el principio, continuemos con los mensajes proféticos de Juan de Jerusalén, no será necesario interpretación alguna, ya que son claros y por desgracia, aplicables a nuestro tiempo.

1
Cuando empiece el año mil que
sigue al año mil.

El oro estará en la sangre.
El que contemple el cielo contará denarios:
El que entre en el templo encontrará mercaderes.

Los mandatarios serán cambistas y usureros.

La espada defenderá la serpiente,
Pero el fuego será latente.

Todas las ciudades serán Sodoma y Gomorra.

Y los hijos de los hijos se convertirán en la nube ardiente:
Ellos alzarán los viejos estandartes.

4

Cuando empiece el año mil
que sigue al año mil.
El hambre oprimirá el vientre de tantos hombres.
Y el frío aterirá tantas manos,
que éstos querrán ver otro mundo.

Y vendrán mercaderes de ilusiones que ofrecerán
el veneno.

Pero éste destruirá los cuerpos y pudrirá las almas;
y aquellos que hayan mezclado el veneno con su sangre,
serán como bestias salvajes cogidas en una trampa.
Y matarán y violarán y despojarán y robarán.
Y la vida será un Apocalipsis cotidiano.

7

Cuando empiece el año mil
que sigue al año mil.
Aquel que hable de promesas y de ley
no será oído.
El que predique la fe de Cristo
Perderá su voz en el desierto.

Pero por todas partes se extenderán
las aguas poderosas de las religiones
infieles;
Falsos mesías reunirán a los hombres ciegos
Y el infiel armado será como nunca antes había sido.
Hablará de justicia y de derecho y su fe será
de sangre y fuego;
Se vengará de la cruzada.

21

Cuando empiece el año mil
que sigue al año mil.
Las enfermedades del agua, del cielo y de la Tierra
Atacarán al hombre y le amenazarán;
Querrá hacer renacer lo que ha destruido
y proteger su entorno;
Tendrá miedo de los días futuros.

Pero será demasiado tarde;
El desierto devorará la tierra
y el agua será cada vez más profunda
Y algunos días se desbordará, llevándo todo por delante,
como en un diluvio.
Y al día siguiente la tierra carecerá de ella
Y el aire consumirá los cuerpos de los más débiles.

2

Cuando empiece el año mil
que sigue al año mil.
El hombre habrá poblado los cielos
y la tierra y los mares con sus criaturas;

Mandará,
Pretenderá los poderes de Dios,
No conocerá límite.

Pero todas las cosas se sublevarán;
Titubeará como un rey borracho;
Galopará como un caballero ciego.

Y a golpes de espuela internará a su montura en el bosque;
Al final del camino estará el abismo.

6

Cuando empiece el año mil
que sigue al año mil.
El padre buscará el placer en su hija.

El hombre en el hombre, la mujer en la mujer,
El viejo en el niño impúber,
Y eso será a los ojos de todos.

Pero la sangre se hará impura;
El mal se extenderá de lecho en lecho;
El cuerpo acogerá todas las podredumbres de la tierra,
Los rostros serán consumidos,
los miembros descarnados;
El amor será una peligrosa amenaza
para aquellos que se conozcan sólo por la carne.

10

Cuando empiece el año mil
que sigue al año mil.
Todos sabrán lo que ocurre en todos los lugares
de la tierra;
Se verá al niño cuyos huesos están marcados en la piel
Y al que tiene los ojos cubiertos de moscas
Y al que se da caza como a las ratas.

Pero el hombre que lo vea volverá la cabeza,
Pues no se preocupará sino de sí mismo;
Dará un puñado de granos como limosna,
Mientras que él dormirá sobre sacos llenos.
Y lo que dé con una mano lo recogerá con la otra.

36
Llegados plenamente al año mil que
sigue al mil.
El hombre conocerá un segundo nacimiento;
El espíritu se apoderará de la gente que comulgarán
en fraternidad;
Entonces se anunciará el fin de los tiempos bárbaros.

Será el tiempo de un nuevo vigor de la fe;
Después de los días negros del inicio
del año mil que viene después del
año mil,
Empezarán los días felices;
El hombre reencontrará el camino de los hombres
Y la tierra será ordenada.

Es pertinente aclarar que de las 40 profecías de Juan de Jerusalén, sólo se mencionan las más importantes y que tanto las profecías de San Juan el Apocalíptico, como de Juan de Jerusalén, pronostican tenebrosos aconteceres en el tiempo venidero, **no dan fechas**, pero si **dan hechos**.

De cualquier forma, sabemos que algunas de esas profecías ya son una realidad, basta con mirar el mundo y horrorizarnos con guerras y más guerras, la pérdida de valores morales, crímenes cometidos por adolescentes como lo sucedido en la Unión Americana, desde hace décadas y remarcado ahora en la década de los 90, existe mucha hambre en el mundo, destruimos sin miramientos nuestro medio ambiente y no nos preocupa la desforestación a nivel mundial, ni el aumento de dimensión en el agujero en la capa de ozono por culpa de una deshumanizada tecnología, hay demasiados falsos líderes y profetas, superpoblación, la polución de nuestras aguas y un etcétera larguísimo. **De todo esto es justamente de lo que hablan las profecías y de nosotros depende que se cumplan fatalmente o no.**

PROFECÍAS
DE LOS ANTIGUOS
AMERICANOS

Por Yohanan Díaz Vargas

**¡...la profecía se ha de cumplir a pesar de
los hombres, la profecía se halla por encima
y más allá de cualquier mortal¡**

Diferentes culturas de todas las épocas predijeron el
final de los tiempos, es decir, del sistema y la estructura mental que nos ha regido en los últimos dos mil años.
El comienzo del próximo milenio puede significar el punto
final a un ciclo que lleva aparejado el olvido de nuestro
papel dentro del gran plan cósmico, pero mejor conozcamos que mencionan al respecto algunas culturas de este
continente.

LOS HOPI

Los indígenas Hopis se consideran los primeros habitantes de América y en la actualidad se les puede localizar en la meseta de las cuatro esquinas, donde confluyen los estados de Arizona, Colorado, Utah y Nuevo México, en la Unión Americana. Su nombre significa literalmente "Los Pacíficos".

Frank Waters habla en su libro de los Hopi de cuando salieron del Sipapu (término que sirve para designar el pasillo que lleva de un mundo a otro. Según José Arguelles es un cordel o hilo que une no solamente el núcleo galáctico con constelaciones y distintos planetas, sino también a distintas épocas de nuestro pasado) al nuevo mundo, Massau, su espíritu guardián, les dio una tabla secreta que describía la forma de vida que deberían llevar. Según Waters, esta importante tabla es la del clan del fuego, hecha de piedra oscura a la cual le falta un fragmento en una esquina, los símbolos de ambos lados representan la profecía de Massau (libertador y purificador que ya vivió con ellos y que volverá del este como verdadero hermano blanco de todos los Hopi) habla de que un día los Hopi serían vencidos por extranjeros y obligados a urbanizar sus tierras y a rendirse a las reglas y órdenes de un nuevo gobernador. No deberían oponer resistencia, pero tienen que esperar el momento en que el verdadero hermano vendrá con la pieza que hoy falta a la tabla, liberándolos de sus perseguidores y emprendiendo con ellos la hazaña de crear una hermandad universal, con el objetivo de restablecer el equilibrio de la humanidad.

Sin embargo, los Hopis creen en una antigua profecía sobre un águila que vendrá anunciando el comienzo de este nuevo mundo, ya que nos acercamos al final y comienzo de una nueva era. Para 1979, creían que había llegado el fin de los tiempos y empezaron a revelar sus profecías secretas creyendo que para preservar la vida humana tendrían que descubrir el plan de vida del gran espíritu y tratar de mantenerlo, ya que de otro modo la humanidad sería destruida por el fuego.

Hay una antigua profecía que se refiere a la bomba atómica: *Un día habrá una carretera en el cielo y una máquina pasará por ella y dejará caer una calabaza de cenizas y destruirá a la población y hará hervir la Tierra.*

Quizás una de tantas interpretaciones posibles de esta profecía de la desaparición del cielo y del gran estruendo es que signifiquen la nueva frecuencia vibratoria que purificará y limpiará la Tierra. Tal purificación podría llamarse "fuego" puesto que éste se asocia directamente al magnetismo, la vibración, la frecuencia, los rayos cósmicos, etcétera.

También aseguran que habrán dos predecesores al regreso del "verdadero hermano blanco" que anunciarán su llegada, un mensajero llevará una cruz esvástica y el otro un disco solar, que muchos interpretan como si representaran a Alemania y a Japón.

Según el curandero Cherokee Lee Brow (quien cree en la profecía Hopi) la paz mundial no será posible hasta que los cuatro poseedores de las tablas, cada uno representando a una de las cuatro direcciones o vientos y a las cuatro razas, se sienten en el mismo círculo de la paz. Esta predicción dice que los poseedores de las tablas de todas las direcciones unirán sus doctrinas al final de este ciclo. La profecía advierte que, si estas doctrinas se abandonan, el resultado será la destrucción total de la humanidad.

Quienes guardan las antiguas tablas son el clan de fuego Oraibi de los Hopi, que representan a los rojos (el Este); los Hopi creen que Massau el "verdadero hermano blanco" traerá la pieza que falta de la tabla cuando vuelva. Los tibetanos tienen las tablas pertenecientes a la raza amarilla (el Sur); los Kihutu de Kenia, Africa, poseen las tablas de la raza negra (el Oeste) y los suizos tienen las de la raza blanca (el Norte).

Otra profecía de los Hopi es que, en la actualidad, nos encontramos en un quinto y último mundo, el cual será destruido por culpa de una estrella que se desplomará sobre la Tierra. Este fenómeno será mucho más grave por culpa del abandono de los guardianes del firmamento, que tenían la custodia de las cuatro columnas que lo sostienen. Estos dos conceptos [el del quinto mundo y el de los guardianes cósmicos], encuentran una casi exacta correspondencia en Egipto e incluso entre los antiguos pueblos nórdicos.

UNA CARTA SIN ATENDER

Los Hopi creían que su fe es la fuerza que logra mantener a la naturaleza en equilibrio por eso, durante sus prácticas religiosas danzan y oran para posibilitar la supervivencia de todo el planeta.

El 4 de agosto de 1970 los líderes de la aldea tradicional Hopi enviaron al presidente en turno de Estados Unidos, Richard Nixon, una carta en la que advertían que la mayoría de los hombres se estaban alejando del sendero enseñado por el gran espíritu y exhortaban urgentemente a vivir en paz y armonía con la naturaleza, antes de que fuera demasiado tarde.

Según la profecía, con los símbolos del Sol y el color rojo, el futuro del planeta pendía de un hilo. *Un día otra raza aparecerá en medio de los Hopi con una lengua bífida que les tentará. La sangre correrá, habrá terremotos, las estaciones y el clima cambiarán, la fauna desaparecerá y se sufrirá hambre. Será cuando los Hopi pondrán el símbolo del Moha en movimiento para que algunas personas trabajen para las cuatro grandes fuerzas de la naturaleza, que arrastrarán al mundo a la guerra. A él se unirá el símbolo del Sol y el símbolo rojo: y en ese momento el mundo se sacudirá, se tornará rojo y se opondrá a aquello que no dejan crecer a la cultura Hopi. Para ellos llegará el día de la purificación y el hermano mayor blanco o purificador regresará. Los enfermos serán curados, la madre Tierra florecerá.*

En cuanto a las aguas que se tragan a la Tierra, en sólo tres meses, de diciembre de 1995 a febrero de 1996, las inundaciones arrasaron parte de España y Portugal, 131 personas murieron ahogadas en Sudáfrica, 60 perecieron en Kazajstán mientras en Brasil las vidas se perdían por docenas por esta causa. El azote de las inundaciones recobró intensidad en el verano de 1996, cuando las lluvias asolaron Canadá, Bangladesh, China y ocasionaron casi un centenar de muertos en Biescas, España y cada año aumentan las poblaciones dañadas por las aguas.

En la cumbre internacional sobre cambio climático de 1998 se reconoció que la actividad humana está provocando un recalentamiento de la Tierra. A tal punto que, de seguir a este ritmo, se calcula que en el año 2050 los diferentes tipos de climas que existen se habrán desplazado casi 250 kilómetros hacia el norte.

LOS NAVAJOS

Navajo significa "La Gente" y para la hechicera de esa etnia, Annie Khan el "Blessinway" ("Camino bendito", es una guía que indica el camino a seguir en la vida) no desaparece la enfermedad por medio de la habilidad de quien entona los cánticos, sino que es la propia tierra la que cura. Pero la naturaleza sólo podrá continuar sanando si el hombre deja de herirla. Ya lo advierte la profecía del círculo de la madre formulada por la mujer concha blanca: *La sociedad de nuestra madre (la naturaleza) es el primer circulo. La enseñanza nos dice que cuando el mundo ya no respete el círculo de la madre, será realmente el fin de todo*.

DEGANAWIDAH

Fue un personaje cuyas predicciones están cumpliéndose en la actualidad y profeta conciliador de los Iroqueses. Según la tradición, Deganawidah nació de una mujer muy pobre perteneciente a la tribu de los Hurones, en Ontario,

Canadá, que le concibió sin varón. La abuela, indignada por la deshonra de su hija, tuvo un sueño profético en el que un mensajero divino le reprochó su falta de comprensión, le anunció que la criatura sería un niño al que pondrían de nombre Deganawidah y le aseguró que crecería para plantar el árbol de la paz.

El investigador norteamericano Scott Pettersonn ha asociado fragmentos de la predicción del profeta referente a las serpientes blanca, roja y negra con hechos concretos y diversos acontecimientos que ya han tenido lugar. Por ejemplo, la desaparición de la cultura indígena debido a la asimilación del modo de vida del hombre blanco: *Una gran serpiente blanca caerá encima de los Iroqueses y durante algún tiempo se entremezclará con los aborígenes. La serpiente se volverá tan poderosa que intentará destruir a los aborígenes arrancándoles la sangre de la vida.*

Por otra lado, la guerra fría y las pruebas nucleares como parte de la carrera armamentista entre occidente y el antiguo bloque comunista, representado este último por la serpiente roja: *La batalla entre la serpiente blanca y la roja se tornará tan violenta que las montañas se abrirán, las aguas de los ríos hervirán y los peces morirán* y la serpiente negra *que vendrá desde el sur, se enfurecerá y derrotará a las serpientes blanca y roja.* Todo esto significa para Petterson el renacer de la cultura negra. Por último, el calentamiento global del planeta también parece adivinarse en las palabras de Deganawidah: *No habrá hojas en los árboles de la tierra ni pasto, y extraños insectos atacarán a ambas serpientes a causa del intenso calor.*

Cinco siglos después de que Deganawidah se marchara prometiendo su regreso, una tribu continúa practicando sus ceremonias para proteger a la naturaleza de la destrucción absoluta: los Hopi.

LOS MEXICAS

Los Mexicas elaboraron sus propios presagios acerca del fin, probablemente para nuestro tiempo, al que se le denomina quinto y último sol, llamado Naup-Ollin (4 movimiento) que empezó a partir del momento en que Hernán Cortés arribo a Tenochtitlan en 1519 y terminará cuando, según la leyenda: *Habrán movimientos de tierra (terremotos) y hambre, y entonces nuestro fin llegará.*

la gran
pirámide de keops

Por Francisco Domínguez

No puede faltar en un trabajo como este, lo que, según algunos estudiosos, predice la Gran Pirámide de Keops en Egipto, dejado por los egipcios en cada una de las partes de la impresionante construcción geométrica. En algunos casos probablemente nos resulten especulativas, pero es necesario tomarlas en cuenta porque es parte de la investigación y el futuro del hombre.

Dentro de las pirámides egipcias, la de Keops es la mayor de todas. Oficialmente, la historia registra que fue el faraón Keops quien la mando construir y su antigüedad se calcula en unos 2,500 años, pero hay estudiosos que la consideran mucho más antigua, como Robert Bauval y Graham Hancock, quienes opinan que la Gran Pirámide pudo ser construida en el año 2500 a.C. pero consideran que pueda tener mas antigüedad que la que se cree. La realidad es que los piramidólogos no están unificados en cuanto a ese criterio.

Lo que si es por demás sorprendente, es que las pirámides de Giza, se encuentran alineadas en relación a las estrellas del cinturón de Orión y el río Nilo representa a la Vía Láctea. Su altura es de 139 metros, tomando en consideración que algunos de sus recubrimientos ya no existen actualmente y su peso es de ¡seis millones y medio de toneladas!

Para su construcción se calcula intervinieron 100,000 hombres. El Faraón Keops tuvo que suspender otras construcciones para reclutar toda la gente que necesitaba para la magna obra.

Será mejor que vayamos directamente a las Profecías, que en este caso es nuestro objeto de estudio.

Según varios piramidólogos como lo son Charles Lagrange, David Davidson, Piazzi Smith y Georges Barbarin, quienes han medido en su totalidad esta construcción, coinciden en la última fecha obtenida en la **Cámara del Caos** y **Del Rey**; 20 de agosto de 1958, a partir de la cual da comienzo un tiempo que se le da el nombre de "El Silencio de la Piedra", a la espera del "Juicio de la Naciones," ese tiempo durará 48 años y terminará el 17 de septiembre del año 2006, el periodo de 48 años será un tiempo convulsivo, donde la calma, la meditación y el buen proceder no serán posibles en el mundo.

En este lapso, los hombres vivirán aislados, separados unos de otros por su egoísmo, la violencia será un tema cotidiano, las guerrillas serán el pan de cada día y la ambición desmedida acompañara a la mayorías de los hombres.

Para mala fortuna, al hombre lo que más le preocupa es el hoy pasajero, se le advierte de los males que pueden haber para mañana y son desoídas las advertencias. Basta con revisar la historia para darnos cuenta de la barbarie por la cual pasamos día con día. Por ejemplo, en gran parte de los años 60; el asesinato de John Kennedy, las guerras de Vietnam, Nigeria, Irlanda, Camboya, ademas de guerrillas, revolucionarias clandestinas en diversas partes del mundo, sobre todo en Centro y Sudamérica y la tenebrosa moda de los secuestros de aviones a diestra y siniestra.

Hasta la naturaleza se ensaña contra el hombre, ya que se dieron una serie de desastrosos fenómenos naturales, por mencionar algunos, Bangladesh sufre un ciclón que deja 50,000 muertos, Alaska se ve sacudida por un terremoto devastador al inicio de los 70. Terremotos en Managua, Yugoslavia, Perú y México. Total, han sucedido muchos más desastres en las décadas siguientes. Todo esto es para tener un claro panorama de lo que ha sido nuestra época y darnos cuenta que los mensajes o profecías que han legado las culturas anteriores, **queramos o no, son una realidad.**

David Davidson uno de los principales piramidólogos del mundo y en especial de la de Keops, descubre ciertas profecías marcadas en la mencionada pirámide; por ejemplo, **La Muerte de Jesús el Redentor,** se da como fecha exacta, el 7 de Abril del año 30 del calendario Juliano.

El nacimiento del Anticristo, del cual comentó que acontecería en el año de 1936, o sea que ahora debe tener 73 años, demasiado viejo para la labor destructiva que se le ha marcado.

El mismo Davidson, dice que a partir justamente de 1936 se da un especie de **Juicio Purificador** para las naciones, el cual ya se mencionó y que indican que serán 94 años de desorden a nivel mundial. A este respecto los ejemplos sobran, basta con leer la historia de las décadas de los treinta hasta nuestros días.

En la actualidad, con ver televisión, escuchar radio o leer periódicos, nos enteramos de todas las atrocidades que nos aquejan. Los mensajes de la pirámide terminan en el año 2030 y no sabemos si es el **final de un periodo**, o quizás el **final de los tiempos.**

Curiosamente las fechas dadas coinciden con otras profecías, de culturas muy diferentes y de lugares muy distantes a Egipto.

san malaquías

Por Marco Antonio Gómez Pérez

E scribir sobre Malachy O'Mongoir, mejor conocido como San Malaquías, es hacerlo irremediablemente sobre las famosas profecías papales, consideradas por muchos como auténticamente redactadas por este santo, aunque hay la sospecha de que son de la autoría de Arnaldo de Wion, quien las "descubrió" y publicó a finales de 1595, más de cuatrocientos años después de la muerte de este santo, es a Arnaldo a quien se le atribuyen en realidad.

Durante su vida, Malaquías fue conocido como un sacerdote que gozó de merecida fama de profeta y adivino, según hace constar su mejor amigo y biógrafo, San Bernardo. Ahora bien, Bernardo, al escribir sobre la vida de Malaquías, tuvo una "ligera omisión", ya que él no menciona absolutamente nada de la conocida cronología papal de su mejor amigo. Este tipo de "errores" son inconcebibles en dos personajes totalmente ligados a la religión católica y dada la importancia y descripción de todos los papas a partir del año 1143, por lo tanto, es casi seguro que Malaquías no haya escrito estas profecías papales y sí Arnaldo de Wion, quien aprovechó la fama de vidente del santo irlandés para adjudicarle la autoría y que, además, ya tenía ¡cuatrocientos años de fallecido! como para protestar por ello.

Sin embargo, para efectos de este trabajo, seguiremos considerando a San Malaquías como el autor de las profecías, mientras no se demuestre lo contrario.

Este santo nace en 1095 en Armagh (actual región de Ulster, en Irlanda del Norte) y muere el día en que él deseaba, en la festividad de Todos los Santos, el 2 de noviembre de 1148. Recorramos brevemente su vida. A los 25 años se ordena sacerdote y cinco años más tarde ya es obispo. Lucha en su país contra los obispos rebeldes que son nombrados por el poder de los reyes y no por el Papa. Cuenta la historia que en una ocasión en que estos rebeldes quisieron atraparlo, lo encontraron, por supuesto sin arma alguna y totalmente sometido a su suerte y cuando el capitán quiso capturarlo, el cielo se oscureció y un rayo fulminó y destrozó al capitán; los soldados regresaron sin su víctima, únicamente para convertirse en los mejores propagadores de los "prodigios" del santo irlandes.

En 1139 Malaquías llega hasta Roma y es ordenado Arzobispo de Irlanda, título que se gana con base en su incansable labor de evangelización en un país donde el catolicismo está casi prohibido. Trabaja mucho para que el Vaticano y el Papa volteen sus ojos hacía la Irlanda del siglo XII pero finalmente lo consigue.

En lo referente a sus famosas profecías, estas son una sencilla lista de nombres que contienen algunas de las características que identifican a los Papas. Inician en 1143 con Celestino II y terminarán después de la aparición de 112 Papas. Según la lista, Juan Pablo II es el número 110, falta uno denominado *De la gloria del Olivo* y finalmente, aparecerá *Pedro el Romano*, último pontífice también llamado "El Patriarca del desastre anunciado". Con él iniciará el fin de Roma, tal vez como sede del catolicismo o peor aún, el fin de la historia de esta humanidad.

En la relación de Malaquías, a cada uno de los 112 Papas los describe con tres, cuatro o cinco palabras máximo, con las que da a entender su origen, su escudo de armas, de familia o por lo que se marcará su pontificado, veamos algunos ejemplos de los más acertados de este siglo:

Pío XI fue Papa de 1922 a 1939, él fue uno de los más grandes opositores del avance del comunismo, principalmente en Europa y propagó la fe católica por el mundo, fue designado por Malaquías como *Fe intrépida*.

Por su parte, Pío XII fue nombrado *El pastor Angélico*, fue un devoto estudioso de la obra de Santo Tomás de Aquino, conocido como "Doctor Angélico".

Y asombrosas son las palabras para distinguir a quien propuso el Concilio Vaticano II y viajó por muchos países, siendo el primero en hacerlo después de que, en muchísimos años, un Papa no salía del Vaticano, ¿su nombre profético?; Juan XXIII, *Pastor y Navegante*.

A Juan Pablo I, San Malaquías lo denominó *De la media luna*, hasta ahora no se ha encontrado razón convincente para saber por qué se le llamó así, seguramente por su brevísimo pontificado de tan sólo 33 días, desde el 26 de agosto hasta el 28 de septiembre de 1978, aproximadamente a la mitad del mes lunar comprendido entre las lunas llenas del 16 de septiembre y el 16 de octubre.

Para el Papa Juan Pablo II se le denomina *De los trabajos del sol*, debido a sus interminables viajes a muchos países jamás visitados por Papa alguno y propagando su enorme fe en Cristo y la virgen María. Son viajes totalmente agotadores, sobre todo tomando en cuenta que Juan Pablo II está a punto de cumplir 80 años. La descripción de que trabaja de sol a sol es, por lo tanto, más que acertada.

Ahora bien, ¿qué significan las palabras *De la gloria del olivo*?, hasta ahora no lo sabemos pero será lo que distinga al Papa 111. Inclusive algunos modernos estudiosos creen ver que Malaquías distingue a este Pontífice porque desde el 21 de abril de 1996, la coalición política italiana de centro izquierda es la que gobierna en esa península y "El Olivo" es el nombre bajo el cual se unieron esas dos fuerzas y dadas la edad y la precaria salud de Juan Pablo II, es muy probable que bajo este régimen político se elija el Papa 111. Tal vez su pontificado no duré mucho, ya que aproximadamente para el año 2000 o el 2003, llegará el Papa 112, *Pedro II* o *Pedro el Romano* con el que terminará la historia de Roma y tal vez del mundo.

Según Malaquías, el último Papa se caracterizará porque: *En la última persecución de la Santa Iglesia Romana tendrá su sede Pedro el romano, que hará pacer sus ovejas entre muchas tribulaciones; tras las cuales, la ciudad de las siete colinas será derruida, y el juez tremendo juzgará al pueblo.* La ciudad de las siete colinas coincide con las profecías catastróficas de Juan XXIII y Nostradamus, ¿mera casualidad?; en el mundo esotérico.

Estas profecías dadas a conocer al mundo desde hace muchos años, pueden estar marcando el fin de una parte de la humanidad o tal vez de una forma de vida que no ha sido de verdadera utilidad para el desarrollo del hombre en todos los niveles, porque no le ha permitido avanzar en terrenos tan olvidados como la espiritualidad, el amor y la hermandad, o tal vez, es el tan temido día del juicio final al cual todos, absolutamente todos, estamos "invitados".

falsos profetas

Por Yohanan Díaz Vargas

"Han sido numerosos los que han puesto en peligro la vida de los seres humanos. La humanidad, deberá modificar su norma de conducta si quiere sobrevivir a los futuros cataclismos".

María Sabina

miles de adeptos de sectas que predican la llegada inminente del juicio final, han perdido la vida durante los últimos años por suicidios colectivos y matanzas rituales, por los extraños manejos de sus líderes, gurús o videntes, quienes se han convertido en una de las amenazas sociales más importantes en este fin y principio de milenio, ya que la mayoría de estos supuestos videntes "reciben" y dan mensajes de toda índole, mezclando sus ideas con contenidos subconcientes. Tanto el líder como sus seguidores no descartan la posibilidad de que tales predicciones, como se verá adelante, estén influidas por agentes externos con objeto de provocar un estado de inquietud en la población, reforzado por la coincidencia de ciertas visiones.

Por desgracia, la aparición generalizada de estos líderes o videntes hace que cientos de personas los idealicen como los nuevos Mesías, ya que van acompañados de anuncios apocalípticos que jamás llegan a cumplirse. Lo sorprendente es que estos desaciertos no necesariamente acaban con la credulidad de sus seguidores, ya que semejantes errores son tomados como prueba de fe, para seleccionar a los verdaderos creyentes, sin importarles lo absurdo de los mensajes que se estén proclamando o lo ingenuas que resultan estas señales de su divinidad.

Algunos falsos videntes indicaban cuándo sería el juicio final y el regreso del Mesías para iniciar su reinado, tomando como base la prueba cronológica contenida en la profecía de Daniel que señalaba el tiempo exacto en que "el altísimo" entregaría la dominación de la tierra "al de más humilde condición de la humanidad" Jesucristo (Daniel 4:17-25, Mateo 11:29). Se menciona un período de "siete tiempos", es decir, siete años proféticos que, según algunos cálculos, sería en el año 1914 y antes de que finalizara, muchos cristianos esperaban que Cristo retornara y se los llevara al cielo. Por esta razón, A.H. Macmillan, estudiante de la Biblia, dijo en un discurso que pronunció el 30 de septiembre de 1914: *Este probablemente sea el último discurso público que dé, porque pronto nos iremos a casa* (al cielo), por lógica, Macmillan estuvo equivocado; pero aquella no fue la única esperanza de estar en el paraíso para él y otros estudiantes de la Biblia, ya que con el tiempo y a partir de 1931, han sido mejor conocidos como Testigos de Jehová.

COMANDO ASHTAR

El comandante Ashtar Sheran dice ser miembro de la confederación intergaláctica y, según le dijo a Thelma B. Terrel, más conocida como Tuella (nombre galáctico) es *El comandante de diez millones de hombres que rodean el hemisferio occidental con el círculo electrónico protector de las alianzas por la paz en el consejo intergalactico.* Finalmente, Ashtar anuncia a Tuella que debe actuar como portavoz de alarma para la humanidad *A fin de que ésta pueda considerar y entender los detalles de los sucesos que podrían llegar a ocurrir, ya que nuestro padre nada hace sin antes advertir a sus profetas.* A lo que se refiere es a un gigantesco cataclismo que próximamente podría asolar a la Tierra y que requerirá, incluso, la evacuación de la humanidad del planeta para salvaguardar su existencia como especie.

Tuella reconoce como compañeros portavoces del mismo conjunto intergaláctico al conocido contactado George Van Tassel y a la investigadora venezolana Martha Gonzales, quienes entre sus libros publicados, explican, entre otros temas, como los extraterrestres recogerán a los supervivientes de la catástrofe planetaria. Y aseguran que una vez finalizado el "éxodo", las familias tendrán la oportunidad de reunirse de nuevo dentro de sus naves.

Las primeras convulsiones, según el comando Asthar, se darán en la franja mediterránea, desplazándose hacia América y el pacífico, con terremotos y erupciones ininterrumpidas. Para cuando esto suceda los elegidos serán succionados por rayos de luz y algunos más lo harán por su propio pie. El único pasaporte válido para acceder a ellas —dicen— es el **"amor en el aura"**.

MISIÓN RAMA

Fue fundada en enero de 1974 por Sixto y Carlos Paz Wells en Perú. Ellos aseguran haber establecido contacto con una serie de guías extraterrestres, (a través de la escritura automática o psicografía que consiste en la concentración y relajación de la mano para que esta escriba aparentemente sin la voluntad de la persona) habitantes procedentes de Ganímedes, tercer satélite de Júpiter.

Este grupo se extendió rápidamente por todo el mundo gracias a la obra *Ovnis, S.O.S. a la humanidad,* del periodista español Juan José Benítez (1975), Sixto Paz era la cabeza de misión Rama y aventuraba una profecía: *La Tierra está al borde de un cataclismo nuclear que no dejará piedra sobre piedra.* En una entrevista realizada en 1975 por Benítez sobre la fecha del armagedon, Sixto mencionó: *Ellos nos han dicho que en breves años... Todo ello coincidirá con el paso del cometa Halley* (en 1986), *que influirá definitivamente en el cambio de posición del eje de la Tierra, causando grandes catástrofes...* El cometa Halley pasó y el eje terrestre siguió y sigue en la misma posición.

JEANE DIXON

Famosa astróloga norteamericana que predijo la muerte trágica de la actriz de cine Carole Lombrad, de los hermanos John y Robert Kennedy y de Dag Hammarsjoid, secretario general de la ONU. También predijo el choque del planeta Tierra con un asteroide en 1982 y que: *En 1985 Jesús regresaría al mundo, coincidiendo su llegada con extraños fenómenos, tan espantosos que muchos seres humanos desearían no haber nacido.* También para este mismo año había realizado una predicción sobre movimientos sísmicos debidos a una colisión con un cometa, del fin del catolicismo como religión en 1988 y muchas profecías más de las cuales, solo las primeras tres muertes sucedieron, de ahí en adelante nada de lo predicho aconteció. Jeane continúa con sus predicciones pero ya casi nadie la toma en serio.

ROBERT GOODMAN

En un artículo publicado en la revista española *Año Cero*, se afrima que "Mohandas Charnani" un exestudiante del colegio del maestro espiritual Sathya Sai Baba en Puttaparthi, (al sur de la India) en 1985 habló sobre 30 profecías en una entrevista mantenida con 18 estudiantes. Las primeras hacen referencia a 1999 cuando, según él, tendrán lugar una serie de acontecimientos que cambiarán la vida en la Tierra. El primer suceso será una catástrofe provocada por un gran accidente nuclear. También vaticinó que entre 1990 y 1999, el 70% de la población desaparecerá y el resto se dedicará al pillaje, el asesinato y a la violación. La causa:

una ola de calor cuyo origen no explica claramente. Sólo se salvarán, para no variar, quienes crean en él como único dios verdadero.

REFUGIOS APOCALÍPTICOS

Elizabeth Clare Prophet, nativa de Red Bank (New Jersey, E.U.) es más conocida como Gurú Ma (Maestra y Madre) y líder de la Iglesia Universal y Triunfante. Junto a su segundo marido, Ed Francis, anunciaron la llegada del fin de la humanidad en abril de 1990. En esa ocasión tuvieron una mayor repercusión de lo esperado, ya que más de dos mil personas siguieron sus indicaciones para sobrevivir a la catástrofe final, para este acto, Gurú Ma reunió a sus devotos en la localidad estadounidense de Paradise Valley (Montana), acomodándolos en una serie de refugios que construyeron para ese fin. En ellos se cuidó hasta el último detalle para la supervivencia: desde instrumentos de cocina, a generadores eléctricos, botiquines y otros materiales de primera necesidad. Como consecuencia, los subterráneos de la Iglesia Universal y Triunfante se convirtieron en un óptimo pasaporte para sobrevivir física y espiritualmente. Abundaban las provisiones, ya que había una cantidad suficiente como para vivir siete meses autónomamente.

Los seguidores de Gurú Ma no se hicieron esperar, llegaron nuevos adeptos de Europa, Sudamérica e incluso África, quienes vendieron todos sus bienes para poder acudir a su cita con la salvación. Como era de esperar, los refugios, subterráneos y cabañas fueron innecesarios, ya que la profecía no se cumplió, pero pese a ello, muchos de sus seguidores continuan manteniendo una incondicional y fanática lealtad hacia Gurú Ma, quien sostiene que el planeta sigue en grave peligro, por lo tanto la iglesia conserva en el refugio importantes reservas de víveres y enseres de todo tipo en perfecto estado, en espera del juicio final.

NONSIAMOSOLI;
"NO ESTAMOS SOLOS"

En diferentes revistas españolas de los años 1987 a 1991, se hace mención al famoso contactado italiano Eugenio Siragusa quien inició sus experiencias Ovnis en los años cincuenta, así como Giorgio y Filippo Bongiovanni años más tarde, quienes anunciaron en julio de 1987 que: *En agosto de 1991 se iniciaba la cuenta atrás de la vida humana sobre la Tierra.*

Ya para el 1 de diciembre de 1989, con plena seguridad en sus afirmaciones, Marcos Amadio, representante en España de la agrupación pro Bongiovanni, "Nonsiamosoli", repetía ante las cámaras de televisión de Tarrasa, en medio de un debate que había revelado a algunos investigadores, que: *Lo que Eugenio Siragusa ha divulgado por boca de estos seres extraterrestres es que agosto de 1991 es la fecha en que un asteroide de 35 kilómetros de diámetro entrará en contacto con nuestra atmósfera.*

El 6 de Junio de 1990, Giorgio y Filippo Bongiovanni confirmaban la profecía en una reunión mantenida en el domicilio de Giulianna Mouriño, quien fue representante en España de Siragusa durante varios años: *Lo que ocurre es que ese día llegará Jesús*. El término máximo era de 50 meses y si la cuenta atrás empezó en julio de 1987, el hombre contaba con tan solo ese tiempo para volver a poner en su sitio las cosas.

Cuarenta y ocho horas antes de la hora vaticinada, los seguidores de "Nonsiamosoli" recibirían una señal para abandonar sus hogares y dirigirse a las arcas (refugios subterráneos, construidos generalmente de forma casera, para prevenirse del inminente fin de los tiempos) con el resto de los hermanos espirituales. Allí esperarían la llegada de las naves para ser evacuadas del planeta., mientras la humanidad perecería por la subida de las aguas, la radiactividad, etcétera.

Sin embargo, llegó agosto de 1991 y ni el asteroide ni Jesús acudieron a la cita. Así pues y como ha ocurrido siempre, recompusieron su profecía argumentando errores en la interpretación, malentendidos, o bien, se trataba de *Un filtro para seleccionar a los más creyentes*.

MESÍAS URUGUAYO

En 1992 el uruguayo Alvaro Debali anunció a los medios de comunicación de su país que él era el Mesías anunciado. Este profeta uruguayo, oriundo de la ciudad de Minas (a 100 kilómetros de Montevideo) afirmaba acerca de su divina identidad, ya que su madre se llamaba María y su padre José y que, además, había sido bautizado por un sacerdote llamado Juan. Naturalmente, semejantes señales no tardarían en ser reconocidas por sus vecinos y amigos. En poco tiempo Alvaro estaba rodeado de un buen número de adeptos que aseguraban haber vivido hace dos mil años junto a su Cristo particular. Debali afirmó que el juicio final estaba muy cercano e incluso, ofreció sus servicios al presidente uruguayo Luis Alberto Lacalle para indicarle los pasos a seguir durante el inminente fin del mundo. Con esos asesores, el presidente no necesita enemigos.

SECTA DAVIDIANA

También en nuestra memoria encontramos un hecho reciente, la brutal matanza en Wacco, (Texas, Estados Unidos) protagonizada por otro nuevo Cristo: David Koresh, quien también anunció la llegada del fin del mundo y de nuevo, tan sólo se cumplió entre sus propios adeptos, ya que el 28 de febrero de 1993, agentes de la Oficina Federal Contra el Alcohol, Tabaco y Armas de fuego (ATF) cercaban y asaltaban el rancho texano de Monte Carmelo, refugio de la secta de los davidianos, rama destacada de la Iglesia Adventista del Séptimo Día y que, como ella, también profetizaba la llegada de un inmediato final de los tiempos.

Después de 51 días de asedio, el asalto definitivo de las fuerzas del FBI produjo una brutal masacre que arrojó un saldo de 86 víctimas, 25 de ellas niños. Vernon Howell o mejor conocido en esos días como David Koresh, representaba el perfecto ejemplo de líder mesiánico que, a sus 33 años, decide profetizar su propia muerte y ajustarla así al sacrificio que, según el evangelio cristiano, Jesús realizó hace 20 siglos. Esta idea se repite constantemente entre los cabecillas de todo tipo de grupos pseudoreligiosos contemporáneos.

David Koresh hacía referencia sobre la perversión del mundo, de la furia divina que dicha actitud había despertado y de cómo, en fecha muy próxima, Dios padre destruiría a la humanidad. Según sus prédicas, él había sido enviado como nuevo salvador, para rescatar a las almas buenas que quisieran seguirlo. Por desgracia, muchos le creyeron.

LA GRAN COFRADÍA BLANCA

En épocas más recientes, una agrupación de origen ucraniano, denominada "La Gran Cofradía Blanca", pronosticó el fin del mundo para el 14 de noviembre de 1993, mientras que Harold Camping, predicador de radio estadounidense, lo fijó para el mes de septiembre de 1994.

El 14 de noviembre de 1993 llegará el fin del mundo; afirmaba la soviética María Devi Khristos —cuyo nombre real es Marina Tsvyguna— líder espiritual de la misma secta ucraniana. Esta supuesta visionaria, a sus 33 años, había manifestado: *Soy la séptima reencarnación de Jesucristo y, al igual que hace 2000 años, deberé ser crucificada para resucitar a los tres días, justo antes del inicio del fin del mundo.* Para cumplir la profecía, el 10 de noviembre, María Devi y docenas de seguidores asaltaron la catedral de Santa Sofía, en Kiev, donde la Mesías debía ser sacrificada y sus seguidores se debían suicidar ritualmente en penitencia por los pecados del mundo. Afortunadamente, la intervención de la policía soviética —que encarceló a 800 de sus fieles seguidores— evitó una nueva masacre de un grupo fanático catastrofista.

VERDAD SUPREMA

El 20 de marzo de 1995 la secta japonesa "Verdad Suprema" (Aum Shinrikyo en japonés) lidereada por una mezcla de iluminado y sagaz hombre de negocios, Shoko Asahara, atacaron con gas neurotóxico sarín el tren subterráneo de Tokyo, donde murieron cerca de 20 personas y alrededor de cinco mil enfermaron.

Esta secta había predicho *Una terrible guerra mundial entre 1997 y 2001 en la que las armas químicas, bacteriológicas y nucleares destruirían a toda la humanidad.* A su vez predecía que la economía del Japón se iría a pique en los años de 1997 y 1998 con motivo de una gran guerra entre Japón y Estados Unidos que daría como resultado la destrucción de este país y de todo su patrimonio.

Pero la profecía que más impactó y que mantuvo a cerca de 20,000 policías en alerta, algunos inclusive con chalecos antibala, quienes tomaron posiciones estratégicas en las calles de Tokyo, estaciones de tren, el metro y barrios comerciales, incluso los helicópteros controlaban desde el aire las posibles acciones de la secta, ya que para el sábado 15 de abril se suscitaría una gran catástrofe en la capital japonesa, por esta predicción ese día fue conocido en todo el mundo como **"sábado negro"**, los habitantes experimentaron un clima de miedo tan grande que algunos de los más importantes almacenes como *"My City"* había anunciado un día antes que no abriría sus puertas, medida que fue calificada sin precedente. Ya que esto sólo se había visto en la postguerra. Sin embargo, al constatarse la ausencia de las grandes catástrofes "anunciadas", la tensión disminuyó considerablemente en esa gran metrópoli y una vez más, no sucedió nada.

JERUSALÉN

El 20 de diciembre de l998, el gobierno israelí anuncio la puesta en marcha de un plan de seguridad extraordinario con un presupuesto de 12 millones de dólares, que incluía el despliegue de 430 policías y detectores de metales en torno a la mezquita de Al Aqsa, uno de los lugares santos del Islam, en previsión de posibles ataques por parte de sectarios y extremistas judíos y cristianos. Tres meses antes ya se había impedido la entrada a la ciudad a dos miembros de una secta cristiana fundamentalista norteamericana que intentaban perpetrar un ataque contra la mezquita para precipitar el "Armagedón" (batalla final), en Jerusalén.

Dentro de los grupos más peligrosos está el llamado cristianos comprometidos, fundado en 1980 por Monte Kim Miller, quien se autoproclama *Voz de Dios y último profeta sobre la Tierra*. Hace pocos meses, Miller anunció que el apocalipsis comenzaría con un terrible terremoto en Denver (Colorado), el 16 de octubre y manifestó su intención de ir a Jerusalén en l999, donde sería asesinado en las calles para resucitar al tercer día.

La alarma surgió cuando 75 adeptos de la secta, junto con sus hijos, desaparecieron de Denver, abandonando sus bienes y trabajos y anunciando que irían a Israel para seguir al líder de la secta. Pese a que la policía israelí manifestó en un primer momento sus intenciones de devolverlos en avión a Denver en cuanto llegaran, lo cierto es que las medidas iniciales no han tenido éxito y al menos una decena de miembros de la secta ya han logrado introducirse en Israel. Antiguos seguidores del culto que conocen a Miller afirman que su control sobre los sectarios es total y que cuando sus profecías no se cumplan, buscará la forma de provocarlas, probablemente de forma violenta o acudiendo al suicidio colectivo. Según Ross Aragón, Alcalde de Pagosa Springs (Colorado) afirmó que dos miembros de la secta habían llamado a sus parientes para decirles *Que se encontraban en Albuquerque, se dirigían a Israel y que se disponían a morir en Jerusalén.*

Según el doctor Yair Bar, Director del hospital psiquiátrico Kear Shaul de Jerusalén, declaró que se están preparando para "la llegada de diversos grupos cristianos entre la fiesta del Pessah de 1999 y la navidad del 2,000 con la única esperanza de contemplar la venida de Cristo". Sin embargo muchos peregrinos ya han llegado a Jerusalén, han comprado o alquilado casas en el Monte de los Olivos. Inclusive, cierto hotel regentado por palestinos musulmanes, se han dado cuenta de la expectación que provoca el milenio en determinados sectores cristianos, por lo que han mandado cartas a 2,000 de estos grupos en Estados Unidos con frases como: "¿Te gustaría estar en el hotel del Monte de los Olivos el día en que regrese Jesús?". Interprételo como usted desee.

Podríamos continuar citando numerosos ejemplos de individuos o sectas que profetizan reiteradamente el fin del mundo, la llegada del juicio final o la evacuación del planeta. O también de La salvación que sólo la disfrutarán un selecto grupo de "escogidos", que acepten su origen extraterrestre y que sigan las indicaciones del maestro, gurú o guía espiritual, ciegamente.

Pero en cualquier caso, con la llegada del nuevo milenio los suicidios amenazan con convertirse en una moda ideológica. Y es aquí donde en vez de criticar simplemente la obsesión apocalíptica, debemos de reaccionar y ocuparnos por hacer este mundo más soportable, afrontar este tipo de sucesos como un acontecimiento de la mística contemporánea. Ya que los mensajes del juicio final constituyen un fenómeno social de lo más variado y las profecías que se dictan van desde lo racional hasta el puro delirio de quien no distingue entre la realidad objetiva y las fantasías de su mente, muchas veces con claros síntomas de esquizofrenia y psicosis paranoica. Sin embargo, en usted amigo lector, está la última palabra de creer o no en las profecías del fin del mundo y sobre todo, de tener la prudencia debida para actuar en consecuencia.

CÓMO SER PROFETA HOY

Con todas las profecías que hemos comentado a través del presente trabajo, deseamos compartir con nuestros amables lectores la osadía de lanzar nuestras propias predicciones, sin que ello signifique que seamos parte de los seres elegidos como Nostradamus, Juan XXIII o Juan de Jerusalén, por mencionar solo tres de ellos, nada más apartado de la realidad. Nuestra intención es que si usted analiza con detenimiento el desarrollo del hombre en su colonia, estado, país, continente y el mundo en general, tiene los elementos suficientes para hacer sus propias profecías, que al final, sólo serán hipotéticas, como las nuestras.

Pero no deja de parecernos maravillosamente fantástico el que nos pongamos el traje de los profetas, aunque sea sólo por unos momentos y tratemos de visualizar una parte importante del futuro de la humanidad, que con las temibles tendencias bélicas actuales, no parece muy promisorio. Contamos con la comprensión de los lectores por esta osadía y a continuación encontrarán nuestros pronósticos.

Para empezar debemos tomar en cuenta que desde hace 54 años, al terminar la Segunda Guerra Mundial, únicamente hemos vivido un mes escaso sin ningún conflicto bélico real, cuatro semanas, 30 días. Pero vamos por partes, la suma de los dígitos de 1999, esto es $1 + 9 + 9 + 9 = 28 = 2 + 8 = 10 = 1$. De acuerdo con la numerología y fechas de nacimiento, el número uno significa que 1999 es el año en que los países y hombres poderosos aumentarán sus ansias de poder, ambición y fama y estos tres elementos juntos producen situaciones realmente llenas de peligro para el mundo, no importa perder la alianza con amigos si la ambición y la obstinación los llevará al logro de metas, es decir, la de someter a la mayor cantidad de naciones a sus políticas económicas, políticas, sociales y militares, esta última si las anteriores no han dado los resultados esperados. Pero serán guerras de "baja intensidad", es decir, provocadas en determinados países, tecnológicas, en donde se probará la efectividad de las armas de nuevo desarrollo y bacteriológicas, para no dañar las industrias y los recursos naturales, todo está dirigido a eliminar a la mayor cantidad de humanos con el menor costo posible. Esto será controlado por una superpotencia (Estados Unidos) y apoyado por sus países aliados (De primer órden, Inglaterra, Francia, Italia, Alemania y Canadá y los de apoyo eventual, como las naciones latinoamericanas y africanas).

Este año está regido por el Sol y los metales y piedras preciosas que serán más apreciados por los líderes de esto países serán oro, diamantes y rubíes. Es decir, si el hombre no da el salto evolutivo y equilibra lo material con lo espiritual, el materialismo seguirá siendo el rey.

Por su parte, el año 2000 tiene las características numerológicas del número 2, es decir, se buscará la dualidad, diversidad, multiplicación y la creación, en contra parte, la discordia, la duda y la muerte seguirán siendo los amos del planeta en este año. La luna será quien rija los destinos, sobresaliendo la predilección por la plata, ópalos y perlas.

En general, serán dos años más de mucha envidia y codicia por parte de los países del primer mundo contra los del tercero y cuarto, pero, existe la enorme posibilidad de una unión entre estos países y provoquen más guerras. Por su parte, habrá una coalición de naciones latinoamericanas para forzar a negociar, principalmente, a Estados Unidos y Canadá un trato más justo e igualitario económicamente hablando. Por su parte, los países árabes y africanos también se unirán contra los de Europa, pero ya no para exigir igualdad, sino para abrir un corredor europeo con población preferentemente musulmana, lo que provocará peores derramamientos de sangre de civiles, ya que los Estados Unidos y la mayoría de países como Francia, Inglaterra, España, Italia y probablemente hasta Alemania intentarán detenerlos, utilizando las armas más mortales y sofisticadas jamás vistas por el hombre, incluyendo las bacteriológicas, si no lo logran, estallará la Tercera guerra mundial. España jugará un papel importante antes de este

tercer y definitivo conflicto armado, ya que de su neutrali-
dad, dependerá que el delgado hilo de la guerra no se
rompa, de no ser así, los países del primer mundo pelearán
contra latinoamericanos, árabes y africanos.

Estas serán las guerras directas, pero hay otros factores
que provocarán conflictos locales. A partir del año 2006,
si la ciencia no ha encontrado un procedimiento efectivo,
accesible y ecónomico para que todos los países del mundo
obtengan agua dulce a partir de la de los mares, la falta de
este vital líquido hará que disminuyan en la mayor parte
del planeta todo tipo de cosechas, lo que a su vez suscitará
que aumente el hambre y las luchas por conseguir estos
vitales sustentos de la vida humana.

Estamos a unos cuantos años de que los polos se deshie-
len por haber aumentado dos o tres grados la temperatura
global del planeta y porque el agujero en la capa de ozono
no sólo no ha disminuido sino que día a día aumenta
peligrosamente. Esto hará que desaparezcan todas las
ciudades costeras del mundo, ya que el nivel del mar
aumentará entre 5 y 15 metros mínimo. Los mares no serán
seguros ya que habrán icebergs por todos lados derritién-
dose lentamente. La buena noticia es que esos enormes
bloques de hielo se pueden aprovechar para transportarlos
a las nuevas costas, ya que son una gran fuente de agua
dulce; oro molido.

Otro gran problema son los deshechos nucleares, son
prácticamente una bomba de tiempo por la forma irrespon-
sable como se han manejado hasta ahora. Esto, aunado a
los millones de toneladas de basura ''normal'' que generan

todos los países, las heces fecales tanto de humanos como de animales provocarán epidemias que diezmarán a enormes poblaciones, principalmente a las más pobres.

La pobreza aumentará peligrosamente lo que convertirá a esas personas en kamikazes, ya que no importará si mueren de hambre, frío, calor o tratando de conseguir lo indispensable para subsistir, la muerte será su fiel compañera.

Todo esto provocará que la mayoría de la gente se acerque más a las religiones buscando su desarrollo espiritual, lamentablemente casi todas estarán en crisis de identidad y abundarán las sectas destructivas, las que buscan cualquier pretexto para provocar suicidios colectivos y efectivamente, llevarlos al fin del mundo, pero para sus adeptos.

Y si no nos morimos en las guerras, de inanición, sed o en algún desastre natural como terremotos, tsunamis, huracanes o erupciones volcánicas, que los habrán en abundancia, la contaminación del aire, tierra, mares y ríos harán lo propio, matando a millones de personas, hasta que volvamos a tener parejas de Adanes y Evas distribuidos a lo largo de los pocos terrenos habitables del planeta y una vez más, empezar a escribir otra historia de la humanidad. Si el humano no cambia su actual actitud hacía las formas de vida, nunca evolucionaremos, ni progresaremos ni superaremos diferencias de cultura, racismo y ambición y la historia se repetirá una y otra vez. ¿Cuánta paciencia tiene el ser supremo para con los humanos? Hasta ahora ha sido mucha, ¿cuánta más le queda?, ojalá que mucha más.

BIBLIOGRAFÍA

Carpi, Pier. *Las Profecías de Juan XXIII. La historia de la Humanidad de 1935 a 2033*. Ediciones Martínez Roca, S.A. Barcelona, España, 1977.

Colección *Espacio Tiempo*, Año lll No. 28. España, 1995.

De Valera, Cipriano. *El Nuevo Testamento Versión de*: Impreso por La Sociedad Americana de la Biblia.

Doreste, Tomás. *Ya viene el Apocalipsis*. Editorial Océano, México, 1998.

Doreste, Tomás. *Las insólitas profecías de Quetzalcóatl*. Editorial Planeta, México, D. F.

Franz, F. W. *Apocalipsis... ¡Se Acerca su Magnífica Culminación!* Grupo Editorial Ultramar.

Freixedo, Salvador. *Las Apariciones Marianas*. Editorial Posada, México, D. F., 1986.

Gallotti, A. *Nostradamus las Profecías del Futuro*. Editorial Martínez Roca, S.A. México, D. F. 1982.

Gilbert G, Adrian y Cotterrel M, Maurice. *Las Profecías Mayas*. Editorial Grijalbo, México, D. F. 1986.

Gómez Burón, Joaquín. *El Fin del Mundo*. Colección Espacio Tiempo, España, 1995.

González Torres, Yólotl. *Diccionario de la Mitología y Religión de Mesoamérica*. Ediciones Larousse, México, D. F.

Gran Enciclopedia de los Temas Ocultos. Tomos I, V, Fascículo 4. Ediciones UVE, S. A., España, 1982.

Henry, William. *El Retorno del Mesías*. Colección GAIA, Editorial Océano, México, 1998.

Herrmann, Joachim. *La Astronomía*. Editorial Círculo de Lectores, España, 1968.

¡Inverosímil!, Fenómenos Inexplicables. Reader's Digest México, S.A. de C.V. 1985.

Krajlevic, Svetozar. *Las Apariciones de Medugorje*. Librería Parroquial de Clavería, México, D. F. 1986.

Las Profecías del Milenio, Ediciones Tikal.

López Padilla, Luis Eduardo. *Advertencias Marianas a la Humanidad*. Librería Parroquial de Clavería, México, D. F. 1987.

Magaña Méndez, Agustín. *Sagrada Biblia*. Traducción del Presbítero. Ediciones Paulinas.

Martínez Paredes, Domingo. *El Popol Vuh Tiene Razón.*
Editorial Orión, México, 1976.

McClure, Kevin. *Evidencias sobre las Apariciones
de la Virgen.* EDAF Mexicana, México, D. F. 1984.

Monográfico revista *Más Allá.* No. 22 / 09, México, 1997.

Nuevo Testamento Versión Ecuménica. Editorial Herder.

Plataneo, Mónica Liliana. *La Voz Celestial.* Editorial
Uritorco, Buenos Aires, Argentina, 1990.

Prophet, Mark and Elizabeth. *Climb the Highest
Mountain.*

Revista *Año Cero.* Año IX / No. 08-0108-08.
Distribuidora Intermex, S.A. de C.V.. México, D. F.

Revista *Año Cero.* Año IX / No. 02-0102-08.
Distribuidora Intermex, S.A. de C.V.. México, D. F.

Revista *Año Cero.* Año III / No. 10-0110-02.
Distribuidora Intermex, S.A. de C.V.. México, D. F.

Revista *Año Cero.* Año V / No. 11-0111-04.
Distribuidora Intermex, S.A. de C.V.. México, D. F. 1994.

Revista *Año Cero.* Año VI / No. 09-0109-05.
Distribuidora Intermex, S.A. de C.V.. México, D. F. 1995.

Revista *Año Cero.* Año VII / No. 08-0108-06.
Distribuidora Intermex, S.A. de C.V.. México, D. F. 1996.

Revista *Año Cero.* Año X / No. 02-0102-09.
Distribuidora Intermex, S.A. de C.V.. México, D. F. 1999.

Ruzo, Daniel. *El Testamento Auténtico de NOSTRADAMUS*. Editorial Grijalbo, S.A. de C.V.. México, D. F. 1997.

Saint-Remy, Eva. *NOSTRADAMUS, El mayor profeta de todos los tiempos*. Editorial Posada, S.A. México, D. F. 1973.

Santos, Domingo. *El Enigma del fin de la Humanidad*. Editorial Libroexpress.

Tuella. *Proyecto: Evacuación Mundial*. Distribuido por: "El Libro del Maestro", México, D. F.

Zanuso fsCJ., P. Hermenegildo. *Los Hechos, las Cartas y el Apocalipsis*. Traducción. Ediciones Combonianas.

Índice

índice

TÍTULOS DE
ESTA COLECCIÓN

Impreso en los talleres de
Offset Libra
Francisco I. Madero No 31
Col. Iztacalco C.P. 08650
Tel. 590-8269
México D.F.